Станислав Маген

Наша брань

Станислав Маген

Наша брань

О том, как бороться и побеждать в духовной войне

Sanktum

Imprint
Any brand names and product names mentioned in this book are subject to trademark, brand or patent protection and are trademarks or registered trademarks of their respective holders. The use of brand names, product names, common names, trade names, product descriptions etc. even without a particular marking in this work is in no way to be construed to mean that such names may be regarded as unrestricted in respect of trademark and brand protection legislation and could thus be used by anyone.

Cover image: www.ingimage.com

Publisher:
Sanktum
is a trademark of
International Book Market Service Ltd., member of OmniScriptum Publishing Group
17 Meldrum Street, Beau Bassin 71504, Mauritius

Printed at: see last page
ISBN: 978-613-8-25885-8

Станислав Маген

Наша брань

2019

Наша брань

Я вообще-то не думал, что буду писать книги. Я не имею богословского образования, я не рукоположенный служитель, а обычный член поместной церкви. Хотя я и проповедую, но книги писать не предполагал. Имею музыкальное дарование, сочиняю музыку для Бога, пишу стихи. Но это делают многие рядовые члены церкви и для этого не нужно рукоположение. Думаю, что через это Бог хочет сказать, что не только служители, но и все христиане могут и должны познавать Его, радоваться общению с Ним, ориентироваться в окружающей обстановке в свете Слова Божьего. Бог даёт возможность каждому христианину познавать истинное учение Иисуса Христа и Апостолов, стоять в нём и распознавать козни дьявольские и хитрые уловки сатаны.

Была нужда записать диски для благовестия. Потом я разместил их на сайте Наше музыкальное наследие, как и другие материалы. На ни х обратил внимание руководитель христианского радио На пути, которое находится в США, в городе Сиэтле. Он предложил мне участие в передачах и я приготовил два цикла: Путь новой жизни и Познаём Бога. Но в пятнадцатиминутной передаче трудно передать глубину мысли и у меня возникло побуждение написать книги с таким же названием. Тему же Наша брань я готовил для нашей общины, но почувствовал побуждение от Господа также написать книгу на эту тему. И тут началась война. Техника моя взбунтовалась, я на время лишился печатающей программы, а восстановить нужные функции компьютера долго не удавалось, так что я засомневался, нужно ли мне писать эту книгу? Но тучи рассеялись, Господь послал необходимый план для создания этой книги и ведение. Так что в процессе создания я что-то добавляю или исправляю. Но теперь я в привычном русле. Этот текст тоже дописан. Я написал заголовок главы Заключение. С Божьей помощью я её напишу, но сейчас Господь вернул меня к началу. Итак, я представляю вам книгу Наша брань.

Некоторые, а может быть и многие, недооценивают силу сатаны, его хитрость и коварство, посмеиваются над чёртиками, при этом верят в приметы, гороскопы и гадания. Мир духов - это реальность, а мир злых духов - суровая действительность. Потому прошу вас серьёзно отнестись к этой книге.

11 Облекитесь во всеоружие Божие, чтобы вам можно было стать против козней диавольских, 12 потому что наша

брань не против крови и плоти, но против начальств, против властей, против мироправителей тьмы века сего, против духов злобы поднебесной. 13 Для сего примите всеоружие Божие, дабы вы могли противостать в день злый и, все преодолев, устоять. (Еф.6:11-13)

Что означает слово брань? Это не ругань, в современном понимании этого слова, а битва, сражение, война. Я буду больше употреблять слово война, так как оно более подходит для описания того, о чём мы будем говорить. Может быть одна битва или сражение, но война подразумевает много сражений и может длиться много времени и даже много лет. Наша война именно такая и будет продолжаться до последнего дыхания.

Слово война многими воспринимается отрицательно, многих пугает. Лучше от неё подальше! Но почему войны не прекращаются, но возникают вновь и вновь? Выходит, что большинство людей не хочет войны, но некое меньшинство планирует войны, развязывает войны, втягивает в них огромные массы людей. А зачем они вообще нужны? Дорогие читатели! Сейчас я открою вам одну очень важную истину. Мы, все бсз исключения, находимся в состоянии войны, даже самые мирные люди! Даже абсолютно парализованный человек находится в состоянии войны и может быть в этом очень активным. Приведённый текст Писания обращён к верующим в Иисуса Христа, Сына Божьего, которым приходится воевать против козней дьявольских и духов злобы поднебесных. А если вы неверующий, то вы не воюете? Ещё и как воюете! Но не против сатаны и бесов, а против Бога и Сына Его Иисуса Христа. Такова ваша брань!

Вы можете мне сказать, что признаёте существование Бога, что иногда даже молитесь Ему, что иногда даже заходите в церковь по большим праздникам. Может быть вы даже исполняете какие-то церковные обряды и постановления и ведёте тихую добродетельную жизнь. Чем же это плохо? Где же тут война с Богом? Вести спокойную и добродетельную жизнь – это хорошо. Многие религиозные люди стараются так жить. Евреи стараются соблюдать традиции и делать добрые дела. Исповедующие другие религии тоже что-то исполняют. Но угодно ли это Богу? А вы уверенны в том, что ваша жизнь и поклонение угодны Богу? А какому Богу вы поклоняетесь? Если вам противно само слово поклонение, то вы уже воюете с Богом, так как не признаёте Его превосходства над вами.

Если вы имеете какие-то свои представления о Боге и не хотите знать истину о Нём, то вы поклоняетесь выдуманному вами богу, а перед истинным Богом являетесь идолопоклонником и врагом Бога, ибо идолопоклонство Бог ненавидит. Бог Авраама, Исаака и Иакова послал Сына Своего Единородного для спасения людей от грехов их. А вы спасены? Если вы ничего не хотите слышать о вашем собственном спасении, то вы отвергаете любовь Божью лично к вам и попираете Святую Кровь Иисуса Христа, которой Он хочет омыть именно вас от грехов ваших. Это ли не война с Богом? Но давайте подробно остановимся на рассмотрении стиха 12 библейского текста.

Плоть и кровь

Что это означает? Это означает нас, людей. Слово плоть имеет несколько значений в Священном Писании. Мы живём во плоти. ***20 и уже не я живу, но живет во мне Христос. А что ныне живу во пло-ти, то живу верою в Сына Божия, возлюбившего меня и предавшего Себя за меня. (Гал.2:20)*** Из этого видно, что Апостол Павел находится в теле, как и все мы. Плоть означает также греховное тело. ***12 И воззрел Бог на землю, и вот, она растленна, ибо всякая плоть извратила путь свой на земле. (Быт.6:12)*** После грехопадения человека плоть стала непослушна и не подвластна Богу. Мы можем жить по плоти. ***17 ибо плоть желает противного духу, а дух - противного плоти: они друг другу противятся, так что вы не то делаете, что хотели бы. (Гал.5:17) 5 Ибо живущие по плоти о плотском помышляют, а живущие по духу - о духовном. 6 Помышления плотские суть смерть, а помышления духовные - жизнь и мир, 7 потому что плотские помышления суть вражда против Бога; ибо закону Божию не покоряются, да и не могут. (Рим.8:5-7)*** Здесь плоть показана как греховная, враждебная Богу личность. Живя во грехе, мы находимся во вражде с Богом, то есть, в состоянии войны. А так как мы все рождаемся грешниками, ибо грех передаётся по наследству, то все находимся в состоянии войны с Богом.

Но как же Бог относится к плоти? Здесь нельзя смешивать понятия. В отношении нашего тела нам не нужно делать какие-то самовольные действия. ***23 Это имеет только вид мудрости в самовольном служении, смиренномудрии и изнурении тела, в некотором небрежении о насыщении плоти. (Кол.2:23)*** В обычных условиях мы должны питать и греть свою плоть и Бог этому не противится. Бывают необычные условия, но об этом мы поговорим позже. К плоти, как к падшей личности у Бога отрицательное отношение. Ни учить, ни перевоспитывать, ни переделывать эту плоть Бог не собирается и не хочет, потому что это бесполезно, так как она всецело греховна. Но если Бог объявит нам открытую войну, то как мы устоим? ***11 Отклони от меня удары Твои; я исчезаю от поражающей руки Твоей. 12 Если Ты обличениями будешь наказывать человека за преступления, то рассыплется, как от моли, краса его. Так, суетен всякий человек! (Пс.38: 11,12) 8 Ты страшен, и кто устоит пред лицем Твоим во время гнева Твоего? (Пс.75:8)*** Наше положение кажется безнадёжным. Но следующий текст должен нас удивить! ***3 Если Ты, Господи, будешь замечать беззакония, - Господи! кто устоит? 4 Но у Тебя прощение, да благоговеют пред Тобою. (Пс.129:3,4)***

Итак, вместо того, чтобы нас победить или уничтожить, Бог хочет нас простить. Но прощают виновных в чём-либо, а в чём же наша вина? В чём твоя вина перед Богом, дорогой читатель? Слово дорогой я употребляю не потому, что так принято, но потому, что ты дорог Богу, а потому дорог и мне, как чаду Божию. Бог же предлагает тебе сегодня примириться с ним через покаяние и прощение грехов. ***3 Как закон, ослабленный плотию, был бессилен, то Бог послал Сына Своего в подобии плоти греховной [в жертву] за грех и осудил грех во плоти, (Рим.8:3)*** Иисус Христос взял на Себя твои грехи и понёс за них суд и наказание, взяв твою вину на Себя. Теперь Он имеет силу простить тебя. Но это только начало! Ты теперь примирён с Богом, ты получил от Него новую жизнь – рождение свыше. Ты получил Духа Святого, чтобы жить этой новой жизнью, а также и дары духовные, которыми ты должен служить Богу и людям. Ты теперь в числе детей Божиих и имеешь жизнь вечную. Ты являешься гражданином Небесного Царства, в которое придёшь после смерти тела или при восхищении Церкви. Но всё это при условии, если ты принял Иисуса верой, как своего Спасителя, действительно пережил суровый суд своим грехам, искренно покаялся и получил прощение. Ни детское крещение, ни конфирмация, никто другой тебе этого не даст! Это дело принадлежит Богу, Сыну Его Иисусу Христу и Духу Святому.

Теперь поговорим о крови. Кровь является неотъемлемой частью нашего существа. Она приносит питание каждой клетке нашего организма, а отходы забирает. Затем они выводятся, извергаются вон. Но у крови есть ещё одно назначение, которое вряд ли поддаётся исследованиям медицины. Душа тела в крови. ***4 только плоти с душею ее, с кровью ее, не ешьте; 5 Я взыщу и вашу кровь, [в которой] жизнь ваша, взыщу ее от всякого зверя, взыщу также душу человека от руки человека, от руки брата его; 6 кто прольет кровь человеческую, того кровь прольется рукою человека: ибо человек создан по образу Божию; (Быт.9:4-6)***

10 Если кто из дома Израилева и из пришельцев, которые живут между вами, будет есть какую-нибудь кровь, то обращу лице Мое на душу того, кто будет есть кровь, и истреблю ее из народа ее, 11 потому что душа тела в крови, и Я назначил ее вам для жертвенника, чтобы очищать души ваши, ибо кровь сия душу очищает; 12 потому Я и сказал сынам Израилевым: ни одна душа из вас не должна есть крови, и пришлец, живущий между вами, не должен есть крови. (Лев.17:10-12) Из этих текстов мы видим, как Бог относится к крови. Во-первых: Он запрещает проливать кровь человека, то есть, убивать. Во-вторых: кровь животных назначается для очищения душ от грехов. Она является прообразом Крови Иисуса Христа. ***11 Но Христос, Первосвященник будущих благ, придя с большею и совершеннейшею скиниею, нерукотворенною, то есть не такового устроения, 12 и не с кровью козлов и тельцов, но со Своею Кровию, однажды вошел во святилище и приобрел вечное искупление. 13 Ибо если кровь тельцов и козлов и пепел телицы, через окропление, освящает оскверненных, дабы чисто было тело, 14 то кольми паче Кровь Христа, Который Духом Святым принес Себя непорочного Богу, очистит совесть нашу от мертвых дел, для служения Богу живому и истинному! 15 И потому Он есть ходатай нового завета, дабы вследствие смерти [Его], бывшей для искупления от преступлений, сделанных в первом завете, призванные к вечному наследию получили обетованное. (Евр.9:11-15)***

Так как Иисус пострадал за грехи всех нас, то мы все виновны в пролитии Его Святой Крови, так как все мы грешники. Но, кто признаёт свою вину перед Богом, того Кровь Иисуса Христа очищает от всякого греха, а кто противится Богу, воюет с Ним, тот будет судим не просто как человекоубийца, а как убийца Сына Божьего. А Кровь Его вменится ему. Как же можно устоять на таком суде?

Наша брань не против крови и плоти. А как же с еретиками? В Новом завете нигде не говорится об убийстве еретиков. ***17 Но вы, возлюбленные, помните предсказанное Апостолами Господа нашего Иисуса Христа. 18 Они говорили вам, что в последнее время появятся ругатели, поступающие по своим нечестивым похотям.19 Это люди, отделяющие себя (от единства веры), душевные, не имеющие духа. 20 А вы, возлюбленные, назидая себя на святейшей вере вашей, молясь Духом Святым, 21 сохраняйте себя в любви Божией, ожидая милости от Господа нашего Иисуса Христа, для вечной жизни. 22 И к одним будьте милостивы, с рассмотрением, 23 а других страхом спасайте, исторгая из огня, обличайте же со страхом, гнушаясь даже одеждою, кото-рая осквернена плотью.(Иуд.1:17-23)***

10 Еретика, после первого и второго вразумления, отвращайся, 11 зная, что таковой развратился и грешит, будучи самоосужден. (Тит.3:10,11) Кто проливал кровь, тот и еретик, ибо нарушил слово Божье. Апостол Пётр во втором Послании показывает, кто есть настоящие еретики и лжеучителя, но суд над ними производит Бог, а не люди. Об их убийстве не сказано ни слова.

1 Были и лжепророки в народе, как и у вас будут лжеучители, которые введут пагубные ереси и, отвергаясь искупившего их Господа, навлекут сами на себя скорую погибель. 2 И многие последуют их разврату, и через них путь истины будет в поношении.3 И из любостяжания будут уловлять вас льстивыми словами; суд им давно готов, и погибель их не дремлет. 4 Ибо, если Бог ангелов согрешивших не пощадил, но, связав узами адского мрака, предал блюсти на суд для наказания; 5 и если не пощадил первого мира, но в восьми душах сохранил семейство Ноя, проповедника правды, когда навел потоп на мир нечестивых; 6 и если города Содомские и Гоморрские, осудив на истребление, превратил в пепел, показав пример будущим нечестивцам, 7 а праведного Лота, утомленного обращением между людьми неистово развратными, избавил 8 (ибо сей праведник, живя между ними, ежедневно мучился в праведной душе, видя и слыша дела беззаконные) - 9 то, конечно, знает Господь, как избавлять благочестивых от искушения, а беззаконников соблюдать ко дню суда, для наказания, 10 а наипаче тех, которые идут вслед скверных похотей плоти, презирают начальства, дерзки, своевольны и не страшатся злословить высших, 11 то-

гда как и Ангелы, превосходя их крепостью и силою, не произносят на них пред Господом укоризненного суда. 12 Они, как бессловесные животные, водимые природою, рожденные на уловление и истребление, злословя то, чего не понимают, в растлении своем истребятся. 13 Они получат возмездие за беззаконие, ибо они полагают удовольствие во вседневной роскоши; срамники и осквернители, они наслаждаются обманами своими, пиршествуя с вами. 14 Глаза у них исполнены любострастия и непрестанного греха; они прельщают неутвержденные души; сердце их приучено к любостяжанию: это сыны проклятия. 15 Оставив прямой путь, они заблудились, идя по следам Валаама, сына Восорова, который возлюбил мзду неправедную, 16 но был обличен в своем беззаконии: бессловесная ослица, проговорив человеческим голосом, остановила безумие пророка. 17 Это безводные источники, облака и мглы, гонимые бурею: им приготовлен мрак вечной тьмы. 18 Ибо, произнося надутое пустословие, они уловляют в плотские похоти и разврат тех, которые едва отстали от находящихся в заблуждении. 19 Обещают им свободу, будучи сами рабы тления; ибо, кто кем побежден, тот тому и раб. 20 Ибо если, избегнув скверн мира чрез познание Господа и Спасителя нашего Иисуса Христа, опять запутываются в них и побеждаются ими, то последнее бывает для таковых хуже первого. 21 Лучше бы им не познать пути правды, нежели, познав, возвратиться назад от преданной им святой заповеди. 22 Но с ними случается по верной пословице: пес возвращается на свою блевотину, и: вымытая свинья [идет] валяться в грязи. (2Пет. 2:1-22)

21 И один сильный Ангел взял камень, подобный большому жернову, и поверг в море, говоря: с таким стремлением повержен будет Вавилон, великий город, и уже не будет его. 22 И голоса играющих на гуслях, и поющих, и играющих на свирелях, и трубящих трубами в тебе уже не слышно будет; не будет уже в тебе никакого художника, никакого художества, и шума от жерновов не слышно уже будет в тебе; 23 и свет светильника уже не появится в тебе; и голоса жениха и невесты не будет уже слышно в тебе: ибо купцы твои были вельможи земли, и волшебством твоим введены в заблуждение все народы. 24 И в нем найдена кровь пророков и святых и всех убитых на земле. (Откр.18:21-24) Истинные же верующие в Иисуса никогда никого не гнали и не убивали, но сами терпели страдания как от мира так и от лжеверующих. Как первая Церковь страдала от Иудеев, так в последнее время она будет страдать от великой блудницы.

Мир духов

...потому что наша брань не против крови и плоти, но против начальств, против властей, против мироправителей тьмы века сего, против духов злобы поднебесной. Кто это такие? Это не земные начальства, власти и мироправители, которые находятся во плоти, как и все мы. А наша брань не против крови и плоти. Свергать и убивать правителей – не наше дело. А почему правители преследуют истинную Церковь? Слово Божье открывает нам важную истину: никто из людей не живёт по своей воле. ***1 И вас, мертвых по преступлениям и грехам вашим, 2 в которых вы некогда жили, по обычаю мира сего, по [воле] князя, господствующего в воздухе, духа, действующего ныне в сынах противления, 3 между которыми и мы все жили некогда по нашим плотским похотям, исполняя желания плоти и помыслов, и были по природе чадами гнева, как и прочие, 4 Бог, богатый милостью, по Своей великой любви, которою возлюбил нас, 5 и нас, мертвых по преступлениям, оживотворил со Христом, - благодатью вы спасены, - 6 и воскресил с Ним, и посадил на небесах во Христе Иисусе, 7 дабы явить в грядущих веках преизобильное богатство благодати Своей в благости к нам во Христе Иисусе. (Еф.2:1-7)*** Вы спасенный, а они ещё нет, потому и исполняют волю князя тьмы и участвуют в кознях дьявольских против Церкви. Но Бог повелел молиться о них, а не воевать с ними. Церковь же есть дело Божье и Тело Христово, а не мирская организация или клуб по интересам. Поэтому миру и его властям его там нет места и влияния.

Но вернёмся к духам. Я приведу несколько цитат из Библии, на основании которых можно сделать некоторые выводы о духах. ***24 Бог есть дух, и поклоняющиеся Ему должны поклоняться в духе и истине. (Иоан.4:24)*** Эти слова Иисус сказал женщине Самарянке. В следующей главе Иисус говорит: ***26 Ибо, как Отец имеет жизнь в Самом Себе, так и Сыну дал иметь жизнь в Самом Себе. (Иоан.5:26)*** На основании этих стихов можно сделать вывод, что есть другая форма разумной жизни, которая есть дух. А первый, кто её имеет есть Бог. О том, что Бог разумный, говорят многие места Писания. ***19 Господь премудростью основал землю,***

небеса утвердил разумом; 20 Его премудростью разверзлись бездны, и облака кропят росою. (Прит.3:19,20) Учёные не изобретают законы, а лишь открывают уже действующие законы, которые разумны и поддаются математическим расчетам. А кто законодатель? ***12 Един Законодатель и Судия, могущий спасти и погубить; а ты кто, который судишь другого? (Иак.4:12)***

Бог есть родоначальник всякой жизни. ***9 Притом, [если] мы, будучи наказываемы плотскими родителями нашими, боялись их, то не гораздо ли более должны покориться Отцу духов, чтобы жить? (Евр.12:9)*** Духи эти называются ангелами. ***7 Об Ангелах сказано: Ты творишь Ангелами Своими духов и служителями Своими пламенеющий огонь. (Евр.1:7) 13 Кому когда из Ангелов сказал [Бог]: седи одесную Меня, доколе положу врагов Твоих в подножие ног Твоих? 14 Не все ли они суть служебные духи, посылаемые на служение для тех, которые имеют наследовать спасение? (Евр.1:13,14)*** Здесь говорится об Ангелах, которые служат Богу и нам, спасаемым.

Но не все ангелы служат Богу. Князь мира сего, господствующий в воздухе, также назван духом, действующим в сынах противления. Бог создал его совершенным. Он был денница, сын зари, херувим осеняющий. Он жил в раю Божьем и имел великую силу и власть над всеми Ангелами. Но пророк Иезекииль повествует о его падении. ***12 сын человеческий! плачь о царе Тирском и скажи ему: так говорит Господь Бог: ты печать совершенства, полнота мудрости и венец красоты. 13 Ты находился в Едеме, в саду Божием; твои одежды были украшены всякими драгоценными камнями; рубин, топаз и алмаз, хризолит, оникс, яспис, сапфир, карбункул и изумруд и золото, все, искусно усаженное у тебя в гнездышках и нанизанное на тебе, приготовлено было в день сотворения твоего. 14 Ты был помазанным херувимом, чтобы осенять, и Я поставил тебя на то; ты был на святой горе Божией, ходил среди огнистых камней. 15 Ты совершен был в путях твоих со дня сотворения твоего, доколе не нашлось в тебе беззакония. 16 От обширности торговли твоей внутреннее твое исполнилось неправды, и ты согрешил; и Я низвергнул тебя, как нечистого, с горы Божией, изгнал тебя, херувим осеняющий, из среды огнистых камней. 17 От красоты твоей возгордилось сердце твое, от тщеславия твоего ты погубил мудрость твою; за то Я повергну тебя на землю, перед царями от-***

дам тебя на позор.18 Множеством беззаконий твоих в неправедной торговле твоей ты осквернил святилища твои; и Я извлеку из среды тебя огонь, который и пожрет тебя: и Я превращу тебя в пепел на земле перед глазами всех, видящих тебя. 19 Все, знавшие тебя среди народов, изумятся о тебе; ты сделаешься ужасом, и не будет тебя во веки. (Иез.28:12-19)

Бог в Писании часто пользуется образами. Для того, чтобы описать характер и действия дьявола, здесь применён образ царя Тирского, который преуспевал в торговле, был ловкий и хитрый в этом деле, славился между народами. А у Исаии сатана сравнивается с царём Вавилонским, наглым завоевателем. Но он сочетает в себе и те, и другие качества. ***3 И будет в тот день: когда Господь устроит тебя от скорби твоей и от страха и от тяжкого рабства, которому ты порабощен был, 4 ты произнесешь победную песнь на царя Вавилонского и скажешь: как не стало мучителя, пресеклось грабительство! 5 Сокрушил Господь жезл нечестивых, скипетр владык, 6 поражавший народы в ярости ударами неотвратимыми, во гневе господствовавший над племенами с неудержимым преследованием. 7 Вся земля отдыхает, покоится, восклицает от радости; 8 и кипарисы радуются о тебе, и кедры ливанские, [говоря]: "с тех пор, как ты заснул, никто не приходит рубить нас". 9 Ад преисподний пришел в движение ради тебя, чтобы встретить тебя при входе твоем; пробудил для тебя Рефаимов, всех вождей земли; поднял всех царей языческих с престолов их. 10 Все они будут говорить тебе: и ты сделался бессильным, как мы! и ты стал подобен нам! 11 В преисподнюю низвержена гордыня твоя со всем шумом твоим; под тобою подстилается червь, и черви - покров твой. 12 Как упал ты с неба, денница, сын зари! разбился о землю, попиравший народы. 13 А говорил в сердце своем: "взойду на небо, выше звезд Божиих вознесу престол мой и сяду на горе в сонме богов, на краю севера; 14 взойду на высоты облачные, буду подобен Всевышнему". 15 Но ты низвержен в ад, в глубины преисподней. 16 Видящие тебя всматриваются в тебя, размышляют о тебе: "тот ли это человек, который колебал землю, потрясал царства, 17 вселенную сделал пустынею и разрушал города ее, пленников своих не отпускал домой?" 18 Все цари народов, все лежат с честью, каждый в своей усыпальнице; 19 а ты повержен вне гробницы своей, как презренная ветвь, как одежда убитых, сра-***

женных мечом, которых опускают в каменные рвы, - ты, как попираемый труп, 20 не соединишься с ними в могиле; ибо ты разорил землю твою, убил народ твой: во веки не помянется племя злодеев. (Ис.14:3-20) Сатана увлёк за собой треть ангелов и теперь они называются демонами или бесами, а также духами злобы поднебесной. Вот с кем наша война!

Кто они и кто мы

В нашем понимании духи являются сверхъестественными существами. Где они могут жить? Вот что говорит Апостол Павел Тимофею о Самом Боге. ***13 Пред Богом, все животворящим, и пред Христом Иисусом, Который засвидетельствовал пред Понтием Пилатом доброе исповедание, завещеваю тебе 14 соблюсти заповедь чисто и неукоризненно, даже до явления Господа нашего Иисуса Христа, 15 которое в свое время откроет блаженный и единый сильный Царь царствующих и Господь господствующих, 16 единый имеющий бессмертие, Который обитает в неприступном свете, Которого никто из человеков не видел и видеть не может. Ему честь и держава вечная! Аминь. (1Тим.6:13-16)***

Ангелы живут в Царстве Небесном, но могут сходить на землю по повелению Бога. Об этом много написано в Библии. Ангелы, совратившиеся вслед сатаны до потопа, а возможно и какое-то время после потопа, могли материализовываться. ***1 Когда люди начали умножаться на земле и родились у них дочери, 2 тогда сыны Божии увидели дочерей человеческих, что они красивы, и брали [их] себе в жены, какую кто избрал. 3 И сказал Господь: не вечно Духу Моему быть пренебрегаемым человеками; потому что они плоть; пусть будут дни их сто двадцать лет. 4 В то время были на земле исполины, особенно же с того времени, как сыны Божии стали входить к дочерям человеческим, и они стали рождать им: это сильные, издревле славные люди. (Быт.6:1-4)*** Позже ангелы сатаны стали являться как призраки, привидения. Во времена пророков об этом знали.

7 Подлинно, человек ходит подобно призраку; напрасно он суетится, собирает и не знает, кому достанется то.(Пс.38:7)

14 И звери пустыни будут встречаться с дикими кошками, и лешие будут перекликаться один с другим; там будет отдыхать ночное привидение и находить себе покой. (Ис.34:14)

Во времена Иисуса Христа люди также знали об этом явлении. ***25 В четвертую же стражу ночи пошел к ним Иисус, идя по морю. 26 И ученики, увидев Его идущего по морю, встревожились и говорили: это призрак; и от страха вскричали. 27 Но Иисус тотчас заговорил с ними и сказал: ободритесь; это Я, не бойтесь. (Матф.14:25-27)***

36 Когда они говорили о сем, Сам Иисус стал посреди них и сказал им: мир вам. 37 Они, смутившись и испугавшись, подумали, что видят духа. 38 Но Он сказал им: что смущаетесь, и для чего такие мысли входят в сердца ваши? 39 Посмотрите на руки Мои и на ноги Мои; это Я Сам; осяжите Меня и рассмотрите; ибо дух плоти и костей не имеет, как видите у Меня. 40 И, сказав это, показал им руки и ноги. (Лук.24:36-40)

Духи находятся также и в преисподней, в темнице. ***17 Ибо, если угодно воле Божией, лучше пострадать за добрые дела, нежели за злые; 18 потому что и Христос, чтобы привести нас к Богу, однажды пострадал за грехи наши, праведник за неправедных, быв умерщвлен по плоти, но ожив духом, 19 которым Он и находящимся в темнице духам, сойдя, проповедал, 20 некогда непокорным ожидавшему их Божию долготерпению, во дни Ноя, во время строения ковчега, в котором немногие, то есть восемь душ, спаслись от воды. (1Пет.3:17-20)***

Духи злобы поднебесные находятся в воздухе, возможно и в космосе. Духи не имеют нужды в пище и воде. Но самое печальное то, что духи могут жить в человеке и он становится одержимым, бесноватым. В человеке может жить один или несколько духов. Так из Марии Магдалины Иисус изгнал семь бесов. А в одном бесноватом жил легион духов. Если считать по числу погибших свиней, то около двух тысяч. И в наше время есть немало одержимых, а также и немало странных, необъяснимых явлений, в том числе и привидения. И всё это будет более и более распространяться.

А кто же мы? Человек был создан по образу и подобию Божьему и вначале возможно и имел какие-то сверхъестественные качества. Но после грехопадения он их утратил, а в Библии о таких качествах вообще не говорится, так что это только предположение. Но в Библии рассказывается о многих чудесах и исцелениях, совершённых людьми. Но какими людьми? Верующими в Бога, а со времён Нового Завета – в Иисуса Христа. В Писании говорится и о волхвах, волшебниках, гадателях, вызывателях мёртвых и духов, которые тоже делали что-то сверхъестественное. В наши дни таких людей тоже немало. Можно сделать вывод, что теперешний человек сам по себе не имеет сверхъестественных качеств, но в верующих действует сила Божья, а в неверующих, но творящих чудеса, действует сила сатаны. А различаются они друг от друга образом жизни. ***14 Грех не должен над вами господствовать, ибо вы не под законом, но под благодатью. 15 Что же? станем ли грешить, потому что мы не под законом, а под благодатью? Никак. 16 Неужели вы не знаете, что, кому вы отдаете себя в рабы для послушания, того вы и рабы, кому повинуетесь, или [рабы] греха к смерти, или послушания к праведности? (Рим.6:14-16)***

17 Это безводные источники, облака и мглы, гонимые бурею: им приготовлен мрак вечной тьмы. 18 Ибо, произнося надутое пустословие, они уловляют в плотские похоти и разврат тех, которые едва отстали от находящихся в заблуждении. 19 Обещают им свободу, будучи сами рабы тления; ибо, кто кем побежден, тот тому и раб. (2Пет.2:17-19) Если есть победа, значит была и война.

Итак, мы находимся в крайне невыгодном положении по отношению к духам. Нам нужна пища, вода и воздух для дыхания. Пищу же нам нужно добывать. Перемещаться в пространстве мы можем только с помощью каких-то средств передвижения, попасть в другую среду мы можем только в скафандре или специальном аппарате. Лечимся мы лекарствами и травами. Как же нам воевать с духами и в чём заключается эта война? Почему её нужно вести?

Мы, верующие в Иисуса Христа, были раньше под властью дьявола и жили по его воле. Иисус же освободил нас от власти греха и сатаны и ввёл нас в Своё Царство, в котором действуют другие законы и правила. Но дьявол приходит от этого в великую ярость и начинает воевать с нами, чтобы снова вернуть нас себе. Он навязывает нам войну, но нам нужно принять вызов и вступить с ним в борьбу. Но для войны нужны сила, знание и умение. Итак, порассуждаем о войне.

Стратегия, тактика, позиция

Войны бывают завоевательные (захватнические), оборонительные, карательные, освободительные. Партизанские войны часто являлись частью освободительных войн. Бывает также и война на истощение. Войны были уже во времена Авраама. Цари с востока завоевали область Содома, Гоморры и других городов. Но, когда эти города возмутились, то они пришли с карательной войной. Авраам узнал, что его родственник Лот также попал в плен, и провёл освободительную операцию. Прежде чем Давид поразил Голиафа, Израильтяне и Филистимляне стояли друг против друга сорок дней, ожидая, у кого первого нервы не выдержат. Партизанская война ведётся против оккупантов, когда небольшие группы нападают на какие-либо объекты противника, а затем рассеиваются среди населения. В условленное же время они вновь собираются для совершения диверсий. Кто-то называет их партизанами, а кто-то террористами. Иудеи, желающие убить Павла по дороге в синедрион, хотели совершить такую диверсию. Для всякой войны нужна и стратегия ведения войны, то есть, общее направление, и тактика ведения отдельных сражений. Хорошо занять выгодную позицию для ведения данной битвы.

Стратегия бывает наступательная, оборонительная, партизанская, (террористическая) на истощение (выжидательная). Всякая же война является наказанием от Бога за нечестие людей. Израиль вёл завоевательные войны, но для народов, с которыми Израиль воевал это были карательные войны, так как мера беззаконий их к тому времени наполнилась. Стратегия ведения войны была наступательная. Это активные боевые действия с захватом территорий и пленных. Такая стратегия ведёт к победоносному окончанию войны.

Оборонительная стратегия применяется для отражения нападения противника, но для наступательных действий нет сил и средств. Иногда она имеет успех, если противник не рассчитал свои силы, и ему приходится с позором уйти. Но чаще при таком ведении войны терпят поражение. Я говорю об этом к тому, что дьявол использует против нас различные способы ведения войны. Это и наступательные действия. ***8 Трезвитесь, бодрствуйте, потому что противник ваш диавол ходит, как рыкающий лев, ища, кого поглотить. (1Пет.5:8)*** Это и партизанская война. ***10 Вор приходит только для того, чтобы украсть, убить и погубить. Я пришел для того, чтобы имели жизнь и имели с избытком. (Иоан.10:10)*** Это и война на истощение. ***14 Если злословят вас за имя Христово, то вы блаженны, ибо Дух Славы, Дух Божий почивает на вас. Теми Он хулится, а вами прославляется. 15 Только бы не пострадал кто из вас, как убийца, или вор, или злодей, или как посягающий на чужое; 16 а если как Христианин, то не***

стыдись, но прославляй Бога за такую участь. (1Пет.4:14-16) Страдания бывают затяжными, изнурительными. Это и тюрьмы, и несправедливые преследования, и болезни. В текущей же жизни дьявол устраивает различные провокации – козни, неожиданные нападения, диверсии, что можно сравнить с партизанской войной.

Для ведения конкретного сражения нужно избрать правильную тактику. Это может быть и прямое наступление, и обходной манёвр, и засада, и ложное отступление. Иногда нужно перейти и к обороне, иногда выждать удобный момент для атаки. Вот пример двух сражений с тем же противников и в том же месте. ***17 Когда Филистимляне услышали, что Давида помазали на царство над Израилем, то поднялись все Филистимляне искать Давида. И услышал Давид и пошел в крепость. 18 А Филистимляне пришли и расположились в долине Рефаим. 19 И вопросил Давид Господа, говоря: идти ли мне против Филистимлян? предашь ли их в руки мои? И сказал Господь Давиду: иди, ибо Я предам Филистимлян в руки твои. 20 И пошел Давид в Ваал-Перацим и поразил их там, и сказал Давид: Господь разнес врагов моих предо мною, как разносит вода. Посему и месту тому дано имя Ваал-Перацим. 21 И оставили там [Филистимляне] истуканов своих, а Давид с людьми своими взял их. 22 И пришли опять Филистимляне и расположились в долине Рефаим. 23 И вопросил Давид Господа, И Он отвечал ему: не выходи навстречу им, а зайди им с тылу и иди к ним со стороны тутовой рощи; 24 и когда услышишь шум как бы идущего по вершинам тутовых дерев, то двинься, ибо тогда пошел Господь пред тобою, чтобы поразить войс-ко Филистимское. 25 И сделал Давид, как повелел ему Гос-подь, и поразил Филистимлян от Гаваи до Газера. (2Цар.5:17-25)*** Наша битва также состоит из отдельных сражений, но Бог готов предоставить нам и тактические решения для достижения победы. Было бы желание победы.

У сатаны очень выгодная позиция. Он князь мира, господствующий в воздухе. Во времена авиации и ракет нам должно быть это понятно, ибо теперь господство в воздухе решает исход войны. У дьявола хорошая разведка. Он знает наши мысли, чувства и намерения. ***18 И потому мы, я Павел, и раз и два хотели прийти к вам, но воспрепятствовал нам сатана. (1Фесс.2:18)*** Он знает также и наши слабые места. Но что же делать нам? Какую стратегию избрать? Какую позицию нам занять?

8 Трезвитесь, бодрствуйте, потому что противник ваш диавол ходит, как рыкающий лев, ища, кого поглотить. 9 Противостойте ему твердою верою, зная, что такие же страдания случаются и с братьями вашими в мире. (1Пет.5: 8,9) Мы должны вести нашу брань с позиции веры. ***32 И что еще скажу? Недостанет мне времени, чтобы повествовать о Гедеоне, о Вараке, о Самсоне и Иеффае, о Давиде, Самуиле и (других) пророках, 33 которые верою побеждали царства, творили правду, получали обетования, заграждали уста львов, 34 угашали силу огня, избегали острия меча, укреплялись от немощи, были крепки на войне, прогоняли полки чужих; (Евр.11:32-34)*** Но о вере мы поговорим в отдельной главе.

Для войны нужны совет и сила. ***31 Или какой царь, идя на войну против другого царя, не сядет и не посоветуется прежде, силен ли он с десятью тысячами противостать идущему на него с двадцатью тысячами? 32 Иначе, пока тот еще далеко, он пошлет к нему посольство просить о мире. (Лук.14:31,32)*** Мы видим, что в нас самих нет силы сражаться с дьяволом, но Давид говорит: ***12 Однажды сказал Бог, и дважды слышал я это, что сила у Бога, 13 и у Тебя, Господи, милость, ибо Ты воздаешь каждому по делам его. (Пс.61:12,13)***

24 Фарисеи же, услышав [сие], сказали: Он изгоняет бесов не иначе, как [силою] веельзевула, князя бесовского. 25 Но Иисус, зная помышления их, сказал им: всякое царство, разделившееся само в себе, опустеет; и всякий город или дом, разделившийся сам в себе, не устоит. 26 И если сатана сатану изгоняет, то он разделился сам с собою: как же устоит царство его? 27 И если Я [силою] веельзевула изгоняю бесов, то сыновья ваши чьею [силою] изгоняют? Посему они будут вам судьями. 28 Если же Я Духом Божиим изгоняю бесов, то конечно достигло до вас Царствие Божие. 29 Или, как может кто войти в дом сильного и расхитить вещи его, если прежде не свяжет сильного? и тогда расхитит дом его. 30 Кто не со Мною, тот против Меня; и кто не собирает со Мною, тот расточает. (Матф.12:24-30) Хотя Иисус и называет сатану сильным, но Себя называет сильнейшим. Поэтому наша сила в Боге и в Иисусе Христе. Хочется привести по этому поводу весь псалом 61.

1 Начальнику хора Идифумова. Псалом Давида. 2 Только в Боге успокаивается душа моя: от Него спасение мое. 3 Только

Он – твердыня моя, спасение мое, убежище мое: не поколеблюсь более. 4 Доколе вы будете налегать на человека? Вы будете низринуты, все вы, как наклонившаяся стена, как ограда пошатнувшаяся. 5 Они задумали свергнуть его с высоты, прибегли ко лжи; устами благословляют, а в сердце своем клянут. 6 Только в Боге успокаивайся, душа моя! ибо на Него надежда моя. 7 Только Он - твердыня моя и спасение мое, убежище мое: не поколеблюсь. 8 В Боге спасение мое и слава моя; крепость силы моей и упование мое в Боге. 9 Народ! Надейтесь на Него во всякое время; изливайте пред Ним сердце ваше: Бог нам прибежище. 10 Сыны человеческие - только суета; сыны мужей - ложь; если положить их на весы, все они вместе легче пустоты. 11 Не надейтесь на грабительство и не тщеславьтесь хищением; когда богатство умножается, не прилагайте [к нему] сердца. 12 Однажды сказал Бог, и дважды слышал я это, что сила у Бога, 13 и у Тебя, Господи, милость, ибо Ты воздаешь каждому по делам его. (Пс.61:1-13)

Иисус входит и связывает. Это наступательная стратегия. ***17 Семьдесят [учеников] возвратились с радостью и говорили: Господи! и бесы повинуются нам о имени Твоем. 18 Он же сказал им: Я видел сатану, спадшего с неба, как молнию; 19 се, даю вам власть наступать на змей и скорпионов и на всю силу вражью, и ничто не повредит вам; 20 однакож тому не радуйтесь, что духи вам повинуются, но радуйтесь тому, что имена ваши написаны на небесах. (Лук.10:17-20)*** Как мы уже видели раньше, сатане предречено полное поражение. ***19 Ваша покорность [вере] всем известна; посему я радуюсь за вас, но желаю, чтобы вы были мудры на добро и просты на зло. 20 Бог же мира сокрушит сатану под ногами вашими вскоре. Благодать Господа нашего Иисуса Христа с вами! Аминь. (Рим.16: 19,20)*** Но если сатане определено поражения, значит нам определена победа, а для победы нужна наступательная стратегия. ***7 Итак покоритесь Богу; противостаньте диаволу, и убежит от вас. (Иак.4:7)*** Противостать – это не значит спрятаться в укромном месте и отсидеться, но выйти в открытый бой. Но против Бога у дьявола нет оборонительной стратегии, а если Бог на нашей стороне, то сатана убежит и от нас. Кроме того, побеждающим даются великие и драгоценные обетования. Прочитайте вторую и третью главу книги Откровение.

Итак, мы должны вести брань с дьяволом и духами злобы поднебесной. Для этого у нас есть сила от Бога, всеоружие Божье, ведение от Всевышнего и пример Иисуса Христа.

Как победил Иисус

3 Вы ищете доказательства на то, Христос ли говорит во мне: Он не бессилен для вас, но силен в вас. 4 Ибо, хотя Он и распят в немощи, но жив силою Божиею; и мы также, [хотя] немощны в Нем, но будем живы с Ним силою Божиею в вас. (2Кор.13:3,4) Может быть весь этот текст для кого-то не совсем понятен, но давайте сосредоточимся на Иисусе. Для того, чтобы взять на Себя наши грехи, Иисус должен был Сам добровольно отдать Себя в руки ищущих Его, лишиться всякой силы и умереть позорной смертью на кресте. Если посмотреть на действия Иисуса, то где же тут победа? Здесь только поражение! Мог ли Иисус защитить Себя? ***52 Тогда говорит ему Иисус: возврати меч твой в его место, ибо все, взявшие меч, мечом погибнут; 53 или думаешь, что Я не могу теперь умолить Отца Моего, и Он представит Мне более, нежели двенадцать легионов Ангелов? 54 как же сбудутся Писания, что так должно быть? (Матф.26:52-54)*** Если бы Иисус защитил Себя, наше спасение не совершилось бы. Бог не хочет силой заставлять нас что-либо делать для Него и даже принимать спасение! Всё должно быть на добровольной основе. Поэтому насаждение христианства силой, принудительное крещение является святотатством и богохульством. Защитив Себя тогда или уничтожив фарисеев и первосвященников, Иисус ответил бы злом на зло. Но это принцип сатаны, а у Бога другие, противоположные принципы. ***21 Не будь побежден злом, но побеждай зло добром. (Рим.12:21) 22 Он не сделал никакого греха, и не было лести в устах Его. 23 Будучи злословим, Он не злословил взаимно; страдая, не угрожал, но предавал то Судии Праведному. 24 Он грехи наши Сам вознес телом Своим на древо, дабы мы, избавившись от грехов, жили для правды: ранами Его вы исцелились. (1Пет.2:22-24)***

8 Смотрите, братия, чтобы кто не увлек вас философиею и пустым обольщением, по преданию человеческому, по стихиям мира, а не по Христу; 9 ибо в Нем обитает вся полнота Божества телесно, 10 и вы имеете полноту в Нем, Который есть глава всякого начальства и власти. (Кол.2:8-10) Если это так, то

Иисус, как Бог, не мог бы умереть. ***15 Я пролился, как вода; все кости мои рассыпались; сердце мое сделалось, как воск, растаяло посреди внутренности моей. 16 Сила моя иссохла, как черепок; язык мой прильпнул к гортани моей, и Ты свел меня к персти смертной. (Пс.21:15,16***) Это означает то, что Иисус лишился на время Божественной силы, чтобы стать жертвой за грехи всех нас. Мы знаем, что это определил Сам Бог ещё прежде основания мира, а победа Христа была в полном смирении и послушании Отцу. ***6 Он, будучи образом Божиим, не почитал хищением быть равным Богу; 7 но уничижил Себя Самого, приняв образ раба, сделавшись подобным человекам и по виду став как человек; 8 смирил Себя, быв послушным даже до смерти, и смерти крестной. (Фил.2:6-8)*** Движущей силой подвига Иисуса Христа, а также и Небесного Отца, является любовь и сострадание к нам, падшему творению. ***14 И как Моисей вознес змию в пустыне, так должно вознесену быть Сыну Человеческому, 15 дабы всякий, верующий в Него, не погиб, но имел жизнь вечную. 16 Ибо так возлюбил Бог мир, что отдал Сына Своего Единородного, дабы всякий верующий в Него, не погиб, но имел жизнь вечную. 17 Ибо не послал Бог Сына Своего в мир, чтобы судить мир, но чтобы мир спасен был чрез Него. (Иоан. 3:14-17)***

Сила победы Иисуса Христа заключается и в том, что Он был безгрешный. ***14 Итак, имея Первосвященника великого, прошедшего небеса, Иисуса Сына Божия, будем твердо держаться исповедания [нашего]. 15 Ибо мы имеем не такого первосвященника, который не может сострадать нам в немощах наших, но Который, подобно [нам], искушен во всем, кроме греха. (Евр.4:14,15***) Также во время вечери Иисус сказал ученикам: ***30 Уже немного Мне говорить с вами; ибо идет князь мира сего, и во Мне не имеет ничего. (Иоан.14:30)*** Но что это значит? Когда Иисус взял наши грехи на Себя, Он стал всецело грешным, потому и умер. Но возмездие за грех не только смерть тела, но и наказание души в аду. Душа наша бессмертна. Если мы спасены, то будем в Царстве Божьем, а затем на новой земле. Если не спасены, то будем в аду не только за грехи наши неочищенные и непрощённые, но и за то, что отвергли любовь Божью и спасение в Иисусе Христе. Он же понёс и наказание наше, сошедши в ад. ***8 Посему и сказано: восшед на высоту, пленил плен и дал дары человекам. 9 А "восшел" что означает, как не то, что Он и нисходил прежде в***

преисподние места земли? 10 Нисшедший, Он же есть и восшедший превыше всех небес, дабы наполнить все. (Еф.4:8-10) А почему Он восшёл, то есть, вышел из ада, воскрес? Именно потому, что Сам Он был безгрешный, а в ад отнёс наши грехи. Наказание же совершилось за наши грехи, а не за Его. Когда же грех был наказан и справедливость Божья удовлетворена, то безгрешный Иисус уже не мог находиться в аду, так как это было бы несправедливо.

В день Пятидесятницы Апостол Пётр засвидетельствовал: ***22 Мужи Израильские! выслушайте слова сии: Иисуса Назорея, Мужа, засвидетельствованного вам от Бога силами и чудесами и знамениями, которые Бог сотворил через Него среди вас, как и сами знаете, 23 Сего, по определенному совету и предведению Божию преданного, вы взяли и, пригвоздив руками беззаконных, убили; 24 но Бог воскресил Его, расторгнув узы смерти, потому что ей невозможно было удержать Его. 25 Ибо Давид говорит о Нем: видел я пред собою Господа всегда, ибо Он одесную меня, дабы я не поколебался. 26 От того возрадовалось сердце мое и возвеселился язык мой; даже и плоть моя упокоится в уповании, 27 ибо Ты не оставишь души моей в аде и не дашь святому Твоему увидеть тления. 28 Ты дал мне познать путь жизни, Ты исполнишь меня радостью пред лицем Твоим. (Деян.2:22-28)***

Итак, Иисус Христос смог одержать победу над сатаной, потому что был непорочен перед Богом, смирён и послушен, будучи Сыном Божьим. Сатана же, будучи творением Божьим, а не рождённым, как Иисус, от данной ему власти и силы возгордился и решил стать подобным Всевышнему. Таким образом он согрешил и обрёк себя на поражение, которое и совершилось на кресте Голгофы. Но побеждающий получает великое воздаяние от Бога. ***6 Он, будучи образом Божиим, не почитал хищением быть равным Богу; 7 но уничижил Себя Самого, приняв образ раба, сделавшись подобным человекам и по виду став как человек; 8 смирил Себя, быв послушным даже до смерти, и смерти крестной. 9 Посему и Бог превознес Его и дал Ему имя выше всякого имени, 10 дабы пред именем Иисуса преклонилось всякое колено небесных, земных и преисподних, 11 и всякий язык исповедал, что Господь Иисус Христос в славу Бога Отца. (Фил.2:6-11)***

1 И видел я в деснице у Сидящего на престоле книгу, написан-ную внутри и отвне, запечатанную семью печатями. 2 И

видел я Ангела сильного, провозглашающего громким голосом: кто достоин раскрыть сию книгу и снять печати ее? 3 И никто не мог, ни на небе, ни на земле, ни под землею, раскрыть сию книгу, ни посмотреть в нее. 4 И я много плакал о том, что никого не нашлось достойного раскрыть и читать сию книгу, и даже посмотреть в нее. 5 И один из старцев сказал мне: не плачь; вот, лев от колена Иудина, корень Давидов, победил, [и может] раскрыть сию книгу и снять семь печатей ее. 6 И я взглянул, и вот, посреди престола и четырех животных и посреди старцев стоял Агнец как бы закланный, имеющий семь рогов и семь очей, которые суть семь духов Божиих, посланных во всю землю. 7 И Он пришел и взял книгу из десницы Сидящего на престоле. 8 И когда он взял книгу, тогда четыре животных и двадцать четыре старца пали пред Агнцем, имея каждый гусли и золотые чаши, полные фимиама, которые суть молитвы святых. 9 И поют новую песнь, говоря: достоин Ты взять книгу и снять с нее печати, ибо Ты был заклан, и Кровию Своею искупил нас Богу из всякого колена и языка, и народа и племени, 10 и соделал нас царями и священниками Богу нашему; и мы будем царствовать на земле. (Откр.5:1-10)

Мы также должны быть побеждающими и стратегия наша должна быть наступательная. ***6 И сказал мне: совершилось! Я есмь Альфа и Омега, начало и конец; жаждущему дам даром от источника воды живой. 7 Побеждающий наследует все, и буду ему Богом, и он будет Мне сыном. 8 Боязливых же и неверных, и скверных и убийц, и любодеев и чародеев, и идолослужителей и всех лжецов участь в озере, горящем огнем и серою. Это смерть вторая. (Откр.21:6-8)*** Но где же наше поле битвы? В каких областях нашей жизни мы должны сражаться с дьяволом и побеждать? Исследуя Священные Писания, мы видим, что брань происходит прежде всего внутри нас самих. Предлагаю подробно рассмотреть этот вопрос.

Брань внутри нас

Бог вывел нас из царства тьмы и ввёл в Царство Возлюбленного Сына Своего. Власть греха в нас сломлена. Что это значит? Наркоман не может освободиться, курильщик и пьяница не может не курить и не пить. Это я испытал на себе. Обманщик не может не обманывать, вор не может не красть. В первой главе Послания к

Римлянам описаны и другие «прелести» нашей испорченной грехом природы. Но когда власть греха сломлена, Бог даёт человеку освобождение от скверных грехов и привычек и силу противостоять сатане, когда он захочет снова искусить нас этим. У меня в этом году юбилей. Двадцать пять лет я не курю и не пью спиртных напитков, не имею в этом никакой нужды и чувствую полную свободу. Но мы живём во плоти, то есть, прежняя греховная натура ещё сильно напоминает о себе. Но мы должны помнить, что плоть является союзницей дьявола, и потому нам нужно с ней бороться, распинать её, иначе она одолеет нас. Как только мы обратились к Богу, в нас начинается война.

18 Ибо знаю, что не живет во мне, то есть в плоти моей, доброе; потому что желание добра есть во мне, но чтобы сделать оное, того не нахожу. 19 Доброго, которого хочу, не делаю, а злое, которого не хочу, делаю. 20 Если же делаю то, чего не хочу, уже не я делаю то, но живущий во мне грех. 21 Итак я нахожу закон, что, когда хочу делать доброе, прилежит мне злое. 22 Ибо по внутреннему человеку нахожу удовольствие в законе Божием; 23 но в членах моих вижу иной закон, противоборствующий закону ума моего и делающий меня пленником закона греховного, находящегося в членах моих. 24 Бедный я человек! кто избавит меня от сего тела смерти? 25 Благодарю Бога моего Иисусом Христом, Господом нашим. Итак тот же самый я умом моим служу закону Божию, а плотию закону греха. (Рим.7:18-25) 16 Я говорю: поступайте по духу, и вы не будете исполнять вожделений плоти, 17 ибо плоть желает противного духу, а дух - противного плоти: они друг другу противятся, так что вы не то делаете, что хотели бы. (Гал.5:16, 17)

1 Итак нет ныне никакого осуждения тем, которые во Хрис те Иисусе живут не по плоти, но по духу, 2 потому что закон духа жизни во Христе Иисусе освободил меня от закона греха и смерти.3 Как закон, ослабленный плотию, был бессилен, то Бог послал Сына Своего в подобии плоти греховной [в жертву] за грех и осудил грех во плоти, 4 чтобы оправдание закона исполнилось в нас, живущих не по плоти, но по духу. 5 Ибо живущие по плоти о плотском помышляют, а живущие по духу - о духовном. 6 Помышления плотские суть смерть, а помышления духовные - жизнь и мир, 7 потому что плотские помышления суть вражда против Бога; ибо закону Божию не покоряются, да

и не могут. 8 Посему живущие по плоти Богу угодить не могут. 9 Но вы не по плоти живете, а по духу, если только Дух Божий живет в вас. Если же кто Духа Христова не имеет, тот [и] не Его. 10 А если Христос в вас, то тело мертво для греха, но дух жив для праведности. 11 Если же Дух Того, Кто воскресил из мертвых Иисуса, живет в вас, то Воскресивший Христа из мертвых оживит и ваши смертные тела Духом Своим, живущим в вас. 12 Итак, братия, мы не должники плоти, чтобы жить по плоти; 13 ибо если живете по плоти, то умрете, а если духом умерщвляете дела плотские, то живы будете. 14 Ибо все, водимые Духом Божиим, суть сыны Божии. 15 Потому что вы не приняли духа рабства, [чтобы] опять [жить] в страхе, но приняли Духа усыновления, Которым взываем: "Авва, Отче!" 16 Сей самый Дух свидетельствует духу нашему, что мы - дети Божии. 17 А если дети, то и наследники, наследники Божии, сонаследники же Христу, если только с Ним страдаем, чтобы с Ним и прославиться. (Рим.8:1-17)

Итак, мы видим, что Бог в Иисусе Христе дал нам силу противостоять греху и искушениям сатаны. Но где мы должны ему противостать, чтобы убежал от нас? У нас есть разум, воля, чувства, сердце в духовном смысле этого слова, дух, способность к творчеству, созиданию, вера. Давайте рассмотрим эти свойства нашей личности по отдельности.

Иметь Бога в разуме

19 Ибо, что можно знать о Боге, явно для них, потому что Бог явил им. 20 Ибо невидимое Его, вечная сила Его и Божество, от создания мира через рассматривание творений видимы, так что они безответны.21 Но как они, познав Бога, не прославили Его, как Бога, и не возблагодарили, но осуетились в умствованиях своих, и омрачилось несмысленное их сердце; 22 называя себя мудрыми, обезумели, 23 и славу нетленного Бога изменили в образ, подобный тленному человеку, и птицам, и четвероногим, и пресмыкающимся, - 24 то и предал их Бог в похотях сердец их нечистоте, так что они сквернили сами свои тела. 25 Они заменили истину Божию ложью, и поклонялись, и служили твари вместо Творца, Который благословен во веки, аминь. 26 Потому предал их Бог постыдным страстям: женщины их заменили естественное употребление противоесте-

ственным; 27 подобно и мужчины, оставив естественное употребление женского пола, разжигались похотью друг на друга, мужчины на мужчинах делая срам и получая в самих себе должное возмездие за свое заблуждение. 28 И как они не заботились иметь Бога в разуме, то предал их Бог превратному уму - делать непотребства, 29 так что они исполнены всякой неправды, блуда, лукавства, корыстолюбия, злобы, исполнены зависти, убийства, распрей, обмана, злонравия, 30 злоречивы, клеветники, богоненавистники, обидчики, самохвалы, горды, изобретательны на зло, непослушны родителям, 31 безрассудны, вероломны, нелюбовны, непримиримы, немилостивы. 32 Они знают праведный [суд] Божий, что делающие такие [дела] достойны смерти; однако не только [их] делают, но и делающих одобряют. (Рим.1:19-32)

А вот человек, который заботится иметь Бога в разуме. ***1 Блажен муж, который не ходит на совет нечестивых и не стоит на пути грешных и не сидит в собрании развратителей, 2 но в законе Господа воля его, и о законе Его размышляет он день и ночь! 3 И будет он как дерево, посаженное при потоках вод, которое приносит плод свой во время свое, и лист которого не вянет; и во всем, что он ни делает, успеет. (Пс.1:1-3)*** Наш разум ориентируется в текущей обстановке, оценивает события и явления прошлого, помышляет, то есть, что-то планирует на будущее, мечтает, логически сопоставляет факты и события, то есть, оперирует информацией, сам создаёт новую информацию. Мы имеем также и мнение о самих себе. Когда Господь даёт нам новую жизнь, разум наш также должен обновиться, а мышление должно измениться. ***1 Итак умоляю вас, братия, милосердием Божиим, представьте тела ваши в жертву живую, святую, благоугодную Богу, [для] разумного служения вашего,2 и не сообразуйтесь с веком сим, но преобразуйтесь обновлением ума вашего, чтобы вам познавать, что есть воля Божия, благая, угодная и совершенная. (Рим.12:1,2)***

Как мы можем узнать, обновился ли наш ум? До того как мы уверовали, мы не понимали сути спасения, не разумели Священные Писания, не понимали действий Бога и Иисуса Христа. Но Иисус явился Своим ученикам по воскресении. ***44 И сказал им: вот то, о чем Я вам говорил, еще быв с вами, что надлежит исполниться всему, написанному о Мне в законе Моисеевом и в пророках и***

псалмах. 45 Тогда отверз им ум к уразумению Писаний. 46 И сказал им: так написано, и так надлежало пострадать Христу, и воскреснуть из мертвых в третий день, 47 и проповедану быть во имя Его покаянию и прощению грехов во всех народах, начиная с Иерусалима. 48 Вы же свидетели сему. (Лук. 24:44-48) Я это испытал на себе. Будучи неверующим, взял Библию и прочитал её от корки до корки, но ничего в ней не понял. Но когда я уверовал, Господь открыл и мне ум к разумению Писаний и я теперь читаю Библию совсем по-другому. Я не считал, сколько раз я её прочёл, тридцать или сорок. Я читаю её каждый день и нахожу в ней что-то новое и интересное для себя в познании Бога, в познании себя, в ориентации в жизни и во времени, в которое живу. Это есть моя духовная пища. Полюбили ли вы Слово Божье, когда уверовали? Является ли оно одним из средств вашего общения с Богом, руководством в вашей жизни?

Как вы оцениваете свою прошлую жизнь и события прошлого? ***45 Еще подобно Царство Небесное купцу, ищущему хороших жемчужин, 46 который, найдя одну драгоценную жемчужину, пошел и продал все, что имел, и купил ее. (Матф.13:45,46)*** Для этого человека всё прошлое потеряло всякую ценность и он расстался с ним, чтобы приобрести лучшее настоящее. Так и нам нужно без сожаления расстаться с прошлым, чтобы войти в новую жизнь и приобрести не только лучшее настоящее, но и лучшее будущее в Царстве Божьем.

Изменилось ли ваше мнение о себе? Раньше я думал о себе, как о порядочном человеке. Имел высшее образование, работал, имел семью. Ну, курил, ну, выпивал, ну…, ну… Да все так делают! Был атеистом, но нас же так воспитывали! Но, когда я уверовал в Иисуса Христа, то понял, что я жалкий, несчастный, погибший грешник, а в жизни моей нет ничего, что устояло бы на суде Божием. Обновлённый ум свидетельствует: раз жизнь без Бога подлежит суду, то теперь нужно жить с Богом и для Бога. Для того-то и дал нам Господь новую жизнь. ***19 Мы знаем, что мы от Бога и что весь мир лежит во зле. 20 Знаем также, что Сын Божий пришел и дал нам свет и разум, да познаем Бога истинного и да будем в истинном Сыне Его Иисусе Христе. Сей есть истинный Бог и жизнь вечная. (1Иоан.5:19,20)*** Если вы этого не понимаете, то ум ваш ещё не обновился.

Как вы ориентируетесь в настоящей жизни? ***22 И ходил Енох пред Богом, по рождении Мафусала, триста лет и родил сынов и дочерей. 23 Всех же дней Еноха было триста шестьдесят пять лет. 24 И ходил Енох пред Богом; и не стало его, потому что Бог взял его. (Быт.5:22-24)*** Выражение ходить перед Богом употребляется здесь два раза, что говорит о его важности. Что значит ходить перед Богом? Неемия был виночерпием у царя. У него были сильные переживания об Иерусалиме и народе Израильском. ***1 В месяце Нисане, в двадцатый год царя Артаксеркса, [было] перед ним вино. И я взял вино и подал царю, и, казалось, не был печален перед ним. 2 Но царь сказал мне: отчего лице у тебя печально; ты не болен, этого нет, а верно печаль на сердце? Я сильно испугался (Неем.2:1,2)*** Почему испугался Неемия? Я думаю, что он был одет, как нужно, исполнил всё, как должно, но выражение лица… Видите, как нужно было ходить перед царём? А мы, уверовавшие, теперь ходим перед Богом. Бог нас постоянно видит и всё о нас знает. Вам приятна эта мысль? Если нет, то вы подобны согрешившему Адаму, который захотел спрятаться от Бога. Но Бог теперь обращает на нас особое внимание, так как Он отделил нас для Себя и мы теперь святые. Бог учит и воспитывает нас, так как мы теперь Его дети. Ходят ли ваши дети перед вами, знаете ли вы не только внешнюю, но и внутреннюю жизнь ваших детей, их стремления и увлечения? Контролируете ли вы ваших детей, учите ли их послушанию и ответственности? Если нет, то вы не знаете Бога и не поймёте Его действий над вами, как над сынами и дочерями, а уж наказания Божия тем более. Если в обычной жизни каждый человек должен трудиться, то и мы в обновлённой жизни должны совершать труд для Господа и перед Господом. Итак, в настоящее время мы не от мира, мы святые, мы дети Божьи, мы рабы Господни. Почему рабы? Как раб не имел ничего своего для совершения труда, но всё давал ему господин, так и мы не можем человеческими силами совершать труд Божий. Но Бог Сам даёт нам и дары, и способности, и силы для совершения труда на Его ниве.

В мире прославляют тех, которые имеют обширные знания, научные достижения. Да и сами они не против славы. А как смотрит на это наш обновлённый ум? ***16 Будьте единомысленны между собою; не высокомудрствуйте, но последуйте смиренным; не мечтайте о себе; (Рим.12:16) 1 Итак, если [есть] какое утешение во Христе, Если [есть] какая отрада любви, если [есть] ка-***

кое общение духа, если [есть] какое милосердие и сострадательность, 2 то дополните мою радость: имейте одни мысли, имейте ту же любовь, будьте единодушны и единомысленны; 3 ничего [не делайте] по любопрению или по тщеславию, но по смиренномудрию почитайте один другого высшим себя. 4 Не о себе [только] каждый заботься, но каждый и о других. (Фил.2:1-4) Видите, насколько отличается новое мышление от прежнего!

Дорогие читатели! Наш ум сразу вместить всего не может, но Бог снисходит к нам и терпеливо учит нас, изменяя наше мышление. Иисус на вечере сказал ученикам: ***12 Еще многое имею сказать вам; но вы теперь не можете вместить. 13 Когда же придет Он, Дух истины, то наставит вас на всякую истину: ибо не от Себя говорить будет, но будет говорить, что услышит, и будущее возвестит вам. 14 Он прославит Меня, потому что от Моего возьмет и возвестит вам. (Иоан.16:12-14)*** Если сейчас для вас кажется всё это непосильным или вы чувствуете обличение – не ужасайтесь и не ожесточайтесь. Я тоже слушаю проповеди и читаю духовную литературу, чувствую обличения, а что-то ещё не укладывается в моём уме. Если я в смирении признаю справедливость обличений, то Бог исправляет мои недостатки, а то, что мне сейчас непонятно, Господь со временем откроет. Но всем нам очень важно иметь обновлённый ум! Поэтому давайте посмотрим, изменились ли наши помышления и мечтания?

Помышления – это планирование на будущее, а мечтания – это несбыточные планы. Хотя мы об этом знаем, но всё равно мечтаем. Планирование исходит от Бога. У Него нет ничего случайного, непредусмотренного. ***37 Кто это говорит: "и то бывает, чему Господь не повелел быть"? 38 Не от уст ли Всевышнего происходит бедствие и благополучие? 39 Зачем сетует человек живущий? всякий сетуй на грехи свои. 40 Испытаем и исследуем пути свои, и обратимся к Господу. (Плач.3:37-40)*** Планирование присуще и нам. Но что замышляют люди мира сего? ***1 Псалом Давида. Зачем мятутся народы, и племена замышляют тщетное? 2 Восстают цари земли, и князья совещаются вместе против Господа и против Помазанника Его. 3 "Расторгнем узы их, и свергнем с себя оковы их". (Пс.2:1-3)*** Они планируют жизнь без Бога. А мы должны дать Богу спланировать нашу жизнь. Они хотят богатства, славы, свободной любви, удовольствий и развлечений в этой жизни. А там хоть потоп! Потопа не будет, но будет великая скорбь, в которой откроются праведные суды Божьи. А мы должны так спланировать свою земную жизнь, чтобы достичь вечной жизни и Царства Божия. ***1 Итак, если вы воскресли со Христом, то ищите горнего, где Христос сидит одесную Бога; 2 о горнем помышляйте, а не о земном. 3 Ибо вы умерли, и жизнь ваша сокрыта со Христом в Боге. 4 Когда же явится Христос, жизнь ваша, тогда и вы явитесь с Ним во славе. (Кол.3:1-4)*** Нам нужно знать и помнить, что Бог уже предусмотрел наше хождение перед ним и служение Ему. Нам же нужно просить Его об откровении и прислушиваться к Его голосу, присматриваться к Его действиям, быть внимательными к Его обличениям и наставлениям. Бог часто посылает влечение к какому-то делу или служению, даёт такие способности и дарования, которых у нас не было. Но дьявол может нас отвлечь бизнесом или прибыльным заработком, каким-то увлечением или развлечением, бесплодными мечтаниями. Берегитесь! Это может отвлечь вас от служения Богу, от посещения собраний, угасить вашу молитвенную жизнь и интерес к Слову Божью. И если вы не остановитесь, то потерпите поражение и погибнете. Не побеждающие Царства Божия не наследуют.

Как вы оцениваете факты и события, происходящие в вашей жизни? Реагируете ли вы по-прежнему или реакция ваша изменилась? Связываете ли вы свои реакции и поступки со Словом Божьим? Прочитайте всю пятую главу Евангелия от Матфея и проверьте себя. Не противится ли ваш разум? А сильно противится? Но если вы встали на путь веры, то Господь будет терпеливо трудиться в вас до тех пор, пока вы не уразумеете глубину этих заповедей и не научитесь поступать по ним. Было бы желание с вашей стороны! Как вы относитесь к политическим событиям? Находитесь ли вы под влиянием политиков и комментаторов или у вас появился библейский взгляд на происходящее в мире? Какую информацию вы предпочитаете; ту, что от мира, или ту, что от Бога?

Наш ум не только способен воспринимать, хранить и передавать информацию, но и создавать информацию. Какую информацию создаёте вы? Если вы стали проповедовать, писать стихи или музыку для Бога – это хорошо! Если у вас появилась способность рассказывать детям о вере в Бога и Христа Его – это прекрасно! Но если вы сплетничаете и наушничаете – это отвратительно! Если же вы посетите больного, расскажете о том, что было на собрании, о нуждах братьев и сестёр и вместе помолитесь – то хорошо сделаете! Если вы способны дать дельный совет и поучаствовать в обустройстве молитвенного дома или в организации какого-либо праздника – это замечательно!

Дорогие читатели! Мы с вами рассмотрели, что значит иметь Бога в разуме. Но не пытайтесь преобразовать свой ум своим же умом, ибо вы потерпите сокрушительное поражение, а, может быть, и совсем отпадёте или попадёте в лжеучение. Бог же даровал нам веру, без которой в духовной жизни нельзя сделать ничего. Верой мы спасаемся, верой ходим перед Богом, по вере нашей обновляется ум наш и преобразуется мышление наше. Наша победа в смирении и предоставлении Богу свободы действовать в нашем разуме. ***5 Надейся на Господа всем сердцем твоим, и не полагайся на разум твой. 6 Во всех путях твоих познавай Его, и Он направит стези твои. 7 Не будь мудрецом в глазах твоих; бойся Господа и удаляйся от зла: 8 это будет здравием для тела твоего и питанием для костей твоих. (Прит.3:5-8)*** Тогда Он будет открывать нам Себя и Сына Своего, а мы будем в свободном и блаженном общении с Богом. ***18 Не оставлю вас сиротами; приду к вам. 19 Еще немного, и мир уже не увидит Меня; а вы увидите Меня, ибо Я живу, и вы будете жить. 20 В тот день узнаете вы, что Я в Отце Моем, и вы во Мне, и Я в вас. 21 Кто имеет заповеди Мои и соблюдает их, тот любит Меня; а кто любит Меня, тот возлюблен будет Отцем Моим; и Я возлюблю его и явлюсь ему Сам. 22 Иуда - не Искариот - говорит Ему: Господи! что это, что Ты хочешь явить Себя нам, а не миру? 23 Иисус сказал ему в ответ: кто любит Меня, тот соблюдет слово Мое; и Отец Мой возлюбит его, и Мы придем к нему и обитель у него сотворим. (Иоан.14:18-23)*** Иисус говорит и к нам, верующим последнего времени. ***20 Се, стою у двери и стучу: если кто услышит голос Мой и отворит дверь, войду к нему, и буду вечерять с ним, и он со Мною. 21 Побеждающему дам сесть со Мною на престоле Моем, как и Я победил и сел с Отцем Моим на престоле Его. 22 Имеющий ухо да слышит, что Дух говорит церквам. (Откр.3:20-22)***

Да будет воля Твоя

Что такое воля? Это способность принимать решения и исполнять их. Если мы только принимаем решения, но не исполняем их, то они остаются в области намерений. А пословица говорит нам, что путь в ад устлан благими намерениями. Мы можем принимать решения, способные изменить всю нашу жизнь, или решения в каждодневной жизни, но делаем мы это усилием воли. Воля же руководит и исполнением нашего решения. Воля проявляется как в исполнении наших желаний, так и в подчинении воле других людей или исполнении желаний других людей или Бога. При этом мы имеем свободный выбор: хочу, буду – не хочу, не буду. Кажется, что человек – существо самостоятельное и в мире так и считают. Людей с сильной волей превозносят , избирают в правители. Такие люди становятся начальниками, руководителями, а прочие им подчиняются. Но в духовном мире это не так.

Мы уже читали тексты из Писания о том, что этот мир живёт по воле сатаны, князя, господствующего в воздухе, и находится во власти тьмы. Но сатана не способен содержать этот мир, ибо Вседержителем является Бог. Сатана же пытается разрушить дело Божье. Иногда кажется, что он имеет в этом успех, особенно в последнее время. Вы посмотрите, как развивается этот мир. Какая-то империя или общественный строй приходит в тупиковое состояние и сменяется силой. Это может быть война или революция. Но со временем и эта формация приходит в тупик. Опять война или революция. Так и современная демократия пришла в тупик и изжила себя. То, что было ценностью, низвержено, а то, что было мерзостью – возвеличено в ценность и достижение, но чего? Разврата, безнравственности и беспринципности. И куда мы с этим придём? Библия же ясно отвечает на этот вопрос. Мир идёт к великой скорби, а все, живущие по воле сатаны, идут в ад. И это определено Богом. А по своей собственной воле мы жить не можем, так как будут постоянно происходить столкновения нашей воли с волей других людей. И что будет? Знаете окончание детского стиха: в этой речке утром рано утонули два барана? Для тех, кто не знает, скажу. Они сошлись на узком мостике, но не хотели друг другу уступить и подрались.

Но верующие в Иисуса Христа знают Слово Божье и прислушиваются к его советам и повелениям. ***2 и не сообразуйтесь с веком сим, но преобразуйтесь обновлением ума вашего, чтобы вам познавать, что есть воля Божия, благая, угодная и совершенная. (Рим.12: 2)*** Мы знаем о том, что **есть** воля Божия, а также и то, **что** она выражает, какая она. Нам же предоставляется выбор, который никто за нас не сделает. Или мы будем жить по воле сатаны, который хочет привести мир к разрушению, а души наши к погибели, или будем жить по воле Божьей. А вы знаете, чего хочет Бог? Бог хочет избавить нас от власти дьявола, спасти душу от ада, дать нам жизнь вечную, а также новое небо и новую землю, на которых обитает правда. Это есть воля Божья явленная Им ещё прежде создания мира. Так что же для нас лучше? Конечно же второе! Но человек уподобливается пьяному ёжику, которому, может быть, что-то и понятно, он всё же равно остаётся колючим.

Но для того, чтобы избрать для себя волю Божью, нужно о ней знать. Бог же не продаёт нам кота в мешке, но подробно открывает нам Свою волю в Священном Писании. Воля сатаны злая. Он ходит, как рыкающий лев, он хочет украсть, убить и погубить. Он человекоубийца от начала и не устоял в истине. Воля же Божья благая. Бог хочет добра всем, посылает дождь на праведных и неправедных, и солнце светит на неблагодарных и злых. Бог послал Иисуса Христа в мир, чтобы все люди спаслись. Кто отвергает спасение, тот противится воле Божьей. Для спасённых же Бог приготовил прекрасную вечность. ***3 И услышал я громкий голос с неба, говорящий: се, скиния Бога с человеками, и Он будет обитать с ними; они будут Его народом, и Сам Бог с ними будет Богом их. 4 И отрет Бог всякую слезу с очей их, и смерти не будет уже; ни плача, ни вопля, ни болезни уже не будет, ибо прежнее прошло. 5 И сказал Сидящий на престоле: се, творю все новое. И говорит мне: напиши; ибо слова сии истинны и верны. 6 И сказал мне: совершилось! Я есмь Альфа и Омега, начало и конец; жаждущему дам даром от источника воды живой. 7 Побеждающий наследует все, и буду ему Богом, и он будет Мне сыном. (Откр.21:3-7)***

Воля Божья угодная. А кому угодная? ***10 Я возвещаю от начала, что будет в конце, и от древних времен то, что еще не сделалось, говорю: Мой совет состоится, и все, что Мне угодно, Я сделаю. (Ис. 46:10) 5 Я познал, что велик Господь, и Господь наш превыше всех богов. 6 Господь творит все, что хочет, на небесах и на земле, на морях и во всех безднах; 7 возводит облака от края земли, творит молнии при дожде, изводит ветер из хранилищ Своих. (Пс.134:5-7)*** Бог не только Сам исполняет Свои желания и намерения, но хочет, чтобы и мы исполняли Его волю. Это значит, что и нам она должна быть угодная. Бог не является диктатором и не заставляет нас исполнять Его волю, но хочет, чтобы мы добровольно подчинялись Ему. Ведь Он хочет спасти нас. ***28 Притом знаем, что любящим Бога, призванным по [Его] изволению, все содействует ко благу. 29 Ибо кого Он предузнал, тем и предопределил быть подобными образу Сына Своего, дабы Он был первородным между многими братиями. 30 А кого Он предопределил, тех и призвал, а кого призвал, тех и оправдал; а кого оправдал, тех и прославил. 31 Что же сказать на это? Если Бог за нас, кто против нас? 32 Тот, Который Сына Своего не пощадил, но предал Его за всех нас, как с Ним не дарует нам и всего? (Рим.8:28-32)*** Сам же Иисус являет нам пример послушания и добровольного исполнения воли Отца.

7 Жертвы и приношения Ты не восхотел; Ты открыл мне уши; всесожжения и жертвы за грех Ты не потребовал. 8 Тогда я сказал: вот, иду; в свитке книжном написано о мне: 9 я желаю исполнить волю Твою, Боже мой, и закон Твой у меня в сердце. 10 Я возвещал правду Твою в собрании великом; я не возбранял устам моим: Ты, Господи, знаешь. 11 Правды Твоей не скрывал в сердце моем, возвещал верность Твою и спасение Твое, не утаивал милости Твоей и истины Твоей пред собранием великим. (Пс.39:7-11) Даже на страдания Он пошёл добровольно. ***3 Он был презрен и умален пред людьми, муж скорбей и изведавший болезни, и мы отвращали от Него лице свое; Он был презираем, и мы ни во что ставили Его. 4 Но Он взял на Себя наши немощи и понес наши болезни; а мы думали, [что] Он был поражаем, наказуем и уничижен Богом. 5 Но Он изъязвлен был за грехи наши и мучим за беззакония наши; наказание мира нашего [было] на Нем, и ранами Его мы исцелились. 6 Все мы блуждали, как овцы, совратились каждый на свою дорогу: и Господь возложил на Него грехи всех нас. 7 Он истязуем был, но страдал добровольно и не открывал уст Своих; как овца, веден был Он на заклание, и как агнец пред стригущим его безгласен, так Он не отверзал уст Своих. 8 От уз и суда Он был взят; но род Его кто изъяснит? ибо Он отторгнут от земли живых; за преступления народа Моего претерпел казнь. (Ис.53:3-8)*** Если же мы не будем покоряться воле Божией, то мы будем противиться ей, а значит, будем сообщниками дьявола.

Воля Божья совершенная. Что это значит? Иисус явил нам Бога во всей полноте без всякого недостатка. Сам, являясь совершенным, Он явил нам и совершенства Бога. ***28 Ибо закон по-***

ставляет первосвященниками человеков, имеющих немощи; а слово клятвенное, после закона, [поставило] Сына, на веки совершенного. (Евр.7:28) Вот какие свойства Бога явил нам Иисус. ***24 а Сей, как пребывающий вечно, имеет и священство непреходящее, 25 посему и может всегда спасать приходящих чрез Него к Богу, будучи всегда жив, чтобы ходатайствовать за них. 26 Таков и должен быть у нас Первосвященник: святой, непричастный злу, непорочный, отделенный от грешников и превознесенный выше небес, 27 Который не имеет нужды ежедневно, как те первосвященники, приносить жертвы сперва за свои грехи, потом за грехи народа, ибо Он совершил это однажды, принеся [в жертву] Себя Самого. (Евр.7:24-27)*** Раз Бог совершенный, то и воля Его совершенная. Она заключается в том, что мы не только должны познавать совершенства Призвавшего нас из тьмы в чудный Свой свет, но и сами стремиться к совершенству. ***11 И Он поставил одних Апостолами, других пророками, иных Евангелистами, иных пастырями и учителями, 12 к совершению святых, на дело служения, для созидания Тела Христова, 13 доколе все придем в единство веры и познания Сына Божия, в мужа совершенного, в меру полного возраста Христова; 14 дабы мы не были более младенцами, колеблющимися и увлекающимися всяким ветром учения, по лукавству человеков, по хитрому искусству обольщения, 15 но истинною любовью все возращали в Того, Который есть глава Христос, (Еф.4:11-15)***

Мы также должны и возвещать совершенства Бога. ***9 Но вы - род избранный, царственное священство, народ святой, люди, взятые в удел, дабы возвещать совершенства Призвавшего вас из тьмы в чудный Свой свет; 10 некогда не народ, а ныне народ Божий; [некогда] непомилованные, а ныне помилованы. (1Пет.2:9,10)***

Для того, чтобы приближаться к Богу и достигать совершенства, мы должны очищаться и освящаться. ***1 За сим, братия, просим и умоляем вас Христом Иисусом, чтобы вы, приняв от нас, как должно вам поступать и угождать Богу, более в том преуспевали, 2 ибо вы знаете, какие мы дали вам заповеди от Господа Иисуса. 3 Ибо воля Божия есть освящение ваше, чтобы вы воздерживались от блуда; 4 чтобы каждый из вас умел соблюдать свой сосуд в святости и чести, 5 а не в страсти похотения, как и язычники, не знающие Бога; 6 чтобы вы ни в чем не поступали***

с братом своим противозаконно и корыстолюбиво: потому что Господь - мститель за все это, как и прежде мы говорили вам и свидетельствовали. 7 Ибо призвал нас Бог не к нечистоте, но к святости. 8 Итак непокорный непокорен не человеку, но Богу, Который и дал нам Духа Своего Святого. 9 О братолюбии же нет нужды писать к вам; ибо вы сами научены Богом любить друг друга, 10 ибо вы так и поступаете со всеми братиями по всей Македонии. Умоляем же вас, братия, более преуспевать 11 и усердно стараться о том, чтобы жить тихо, делать свое [дело] и работать своими собственными руками, как мы заповедывали вам; 12 чтобы вы поступали благоприлично перед внешними и ни в чем не нуждались. (1Фесс.4:1-12)

Итак, наша победа в том, чтобы покорить свою волю Богу и жить по воле Его. Если мы самовольны и несмиренны, то мы исполняем волю сатаны и противимся Богу. Если же мы покорны Богу, то Его благоволение и сила на нашей стороне и мы можем противостоять дьяволу. Если вы молитесь молитвой Отче наш, то обратите внимание на то, как ярко выражена в ней наша зависимость от Бога. ***9 Молитесь же так: Отче наш, сущий на небесах! да святится имя Твое; 10 да приидет Царствие Твое; да будет воля Твоя и на земле, как на небе; 11 хлеб наш насущный дай нам на сей день; 12 и прости нам долги наши, как и мы прощаем должникам нашим; 13 и не введи нас в искушение, но избавь нас от лукавого. Ибо Твое есть Царство и сила и слава во веки. Аминь. (Матф.6:9-13)***

Те же чувствования

Чувства и эмоции являются также неотъемлемой частью нашего существа. Но это и самая ненадёжная часть нашей личности. Чувства и эмоции часто опережают мысли и, находясь под их влиянием, мы нередко совершаем необдуманные поступки, о которых потом сожалеем. Чувства непостоянны и даже могут быстро смениться на противоположные. В народе говорят: от любви до ненависти один шаг, а в Библии описан такой случай. Сын Давида Амнон полюбил сестру свою Фамарь и по хитрому совету друга заманил её во внутреннюю комнату. Она упрашивала его не делать безрассудства. ***14 Но он не хотел слушать слов ее, и преодолел ее, и изнасиловал ее, и лежал с нею. 15 Потом возненавидел ее Амнон величайшею ненавистью, так что ненависть, какою он возненa-***

видел ее, была сильнее любви, какую имел к ней; и сказал ей Амнон: встань, уйди. (2Цар.13:14,15)

Чувства и эмоции бывают положительные и отрицательные, но у людей мира сего они непостоянны и часто сменяют друг друга. Люди сами ищут смены чувств, а многие ищут и острых ощущений. У нас же, верующих, должно быть другое отношение к чувствам. Как вы относитесь к такому повелению: всегда радуйтесь? Нужно отличать чувства от свойств характера или состояния человека. Чувства возникают и проходят, а черты характера проявляются постоянно и определяют сущность человека. Можно чему-то порадоваться, а можно быть жизнерадостным. Так что «всегда радуйтесь» нужно понимать как «будьте жизнерадостны». Тогда это не противоречит повелению: ***15 Радуйтесь с радующимися и плачьте с плачущими. (Рим.12: 15)*** Здесь речь идёт о чувствах. Можно позавидовать, а можно быть завистливым, можно сжалиться, а можно быть милосердным и сострадательным. Это же относится и к любви. В Библии обильно описаны как чувства Бога, так и чувства Иисуса Христа. ***1 Итак, если [есть] какое утешение во Христе, если [есть] какая отрада любви, если [есть] какое общение духа, если [есть] какое милосердие и сострадательность, 2 то допол-ните мою радость: имейте одни мысли, имейте ту же лю-бовь, будьте единодушны и единомысленны; 3 ничего [не делайте] по любопрению или по тщеславию, но по смиренномудрию почитайте один другого высшим себя. 4 Не о себе [только] каждый заботься, но каждый и о других. 5 Ибо в вас должны быть те же чувствования, какие и во Христе Иисусе: 6 Он, будучи образом Божиим, не почитал хищением быть равным Богу; 7 но уничижил Себя Самого, приняв образ раба, сделавшись подобным человекам и по виду став как человек; 8 смирил Себя, быв послушным даже до смерти, и смерти крестной. (Фил.2:1-8)*** Советую вам, когда вы будете читать Евангелие, обратить особое внимание на чувства Иисуса.

Сатана нередко атакует нас, возбуждая наши чувства и эмоции. ***1 Змей был хитрее всех зверей полевых, которых создал Господь Бог. И сказал змей жене: подлинно ли сказал Бог: не ешьте ни от какого дерева в раю? 2 И сказала жена змею: плоды с дерев мы можем есть, 3 только плодов дерева, которое среди рая, сказал Бог, не ешьте их и не прикасайтесь к ним, чтобы вам не умереть. 4 И сказал змей жене: нет, не умрете, 5 но зна-***

ет Бог, что в день, в который вы вкусите их, откроются глаза ваши, и вы будете, как боги, знающие добро и зло. 6 И увидела жена, что дерево хорошо для пищи, и что оно приятно для глаз и вожделенно, потому что дает знание; и взяла плодов его и ела; и дала также мужу своему, и он ел. (Быт.3:1-6) Давайте рассмотрим этот текст. Хитрость является чертой характера змея. Но есть ли у него чувство доброжелательности к человеку? Нет, но он хочет через падение человека навредить Богу. Сатана задаёт жене вопрос. Если вам задают вопрос, возникают ли у вас какие-либо чувства? А если вопрос провокационный или содержит неточную информацию? Тогда тем более. Змея нужно поправить, а заодно и свою эрудицию показать. Итак, чувства задействованы! Но сатана направляет их в нужном ему направлении. Он сеет сомнение и в то же время возбуждает любопытство. Как это, быть как боги? А далее у жены появилось превратное чувство красоты и нездоровое чувство голода. Я не думаю, что дерево познания добра и зла было красиво. Ведь раньше жена не обращала на него внимания. Но, когда дьявол извратил её чувства, оно стало приятно для глаз. Так и сейчас многие люди считают уродливое красивым, а то, что приятно Богу, безобразным.

Как одержать победу над недобрыми чувствами? Прежде всего нам нужно верить, что Бог при нашем возрождении уже вложил в нас чувствования Христовы. Они в нас есть, но мы должны им дать свободу развиваться и действовать в нас. Они должны вытеснить из нас недобрые чувства. Бывает, что греховные привычки и черты характера преодолеваются путём упорной борьбы. Недобрым чувствам же нужно давать отпор сейчас же. Если это не получается, нужно признать, что это постоянная черта характера и вести с ней борьбу путём покаяния и исповедания.

25 Посему, отвергнув ложь, говорите истину каждый ближнему своему, потому что мы члены друг другу. Лживость – это черта характера, в которой нужно каяться и не успокаиваться до тех пор, пока не научимся говорить истину. ***26 Гневаясь, не согрешайте: солнце да не зайдет во гневе вашем; 27 и не давайте места диаволу.*** Чувство гнева нужно подавить в себе ещё до захода солнца, иначе будет бессонная ночь, а ночью дьявол сильнее нападает. Ведь это его время. Но если вы гневливые – кайтесь. ***28 Кто крал, вперед не кради, а лучше трудись, делая своими руками полезное, чтобы было из чего уделять нуждающемуся.*** Что чувствует вор, когда крадёт? Сам не крал прямо, поэтому только предполагаю. Ни жалости, ни сострадания к жертве вор не чувствует, но у него должно быть обострённое чувство опасности. При этом выделяется адреналин. Поскольку это образ его жизни, то адреналин выделяется часто и он попадает в адреналиновую зависимость. Теперь ему постоянно нужны острые ощущения. Только Иисус может разрушить эту зависимость.

Хоть я не крал прямо, но крал косвенно. Бог показал мне много случаем моего воровства, но я приведу только один пример. Я работал преподавателем по музыке, а между уроками мы выходили на перекур и болтали о чём угодно. При этом перекур мог затянуться, а на урок я приходил позже минут на пять-десять и никаких особенных чувств не испытывал, в том числе и угрызений совести. Но когда Бог осудил меня, то оказалось, что я крал время у ученика, а деньги за недоработанное время были тоже ворованные. Так что отнеситесь внимательно к заповеди "не кради".

29 Никакое гнилое слово да не исходит из уст ваших, а только доброе для назидания в вере, дабы оно доставляло благодать слушающим. 30 И не оскорбляйте Святого Духа Божия, Которым вы запечатлены в день искупления. 31 Всякое раздражение и ярость, и гнев, и крик, и злоречие со всякою злобою да будут удалены от вас; 32 но будьте друг ко другу добры, сострадательны, прощайте друг друга, как и Бог во Христе простил вас. (Еф.4:25-32) Обратите внимание на то, что злые чувства не только должны быть удалены, но заменены добрыми.

Поскольку Бог Сам имеет чувства, Он и нас наделил чувствами. Он хочет, чтобы мы были исполнены всякими добрыми чувствами, а служение наше Богу также сопровождалось излиянием чувств. ***8 Бог - свидетель, что я люблю всех вас любовью Иисуса Христа; 9 и молюсь о том, чтобы любовь ваша еще более и более возрастала в познании и всяком чувстве,10 чтобы, познавая лучшее, вы были чисты и непреткновенны в день Христов, 11 исполнены плодов праведности Иисусом Христом, в славу и похвалу Божию. (Фил.1:8-11)*** Это чувство радости и благоговения, стыда и умиления, голода и насыщения, своего недостоинства и близости с Господом. ***1 Песнь восхождения. Давида. Возрадовался я, когда сказали мне: "пойдем в дом Господень". (Пс.121:1)*** Но в этом же псалме говорится: ***5 Там стоят престолы суда, престолы дома Давидова. (Пс.121:5)*** Чувствуете ли вы, находясь в собрании, благоговение и страх перед Господом, когда Он обличает вас, или только радуетесь и подпрыгиваете? Если вы чувствуете только стыд за свои грехи, то у вас ещё нет их прощения. Или вам очень жалко с ними расстаться, или вы ещё не поняли значение Крови Иисуса Христа. Когда она омоет вас, вы почувствуете и облегчение, и умиление.

С какой целью вы идёте на собрание? Себя показать и на других посмотреть? Если вы регулярно читаете Библию – хорошо делаете, но этого недостаточно. Иисус создаёт Свою Церковь, как единый организм, а через собрание Он руководит Церковью, наставляет её на путь истины. Это Он делает через проповедь, пение и другие служения. Поэтому, идя на собрание, вы должны ожидать, чем сегодня напитает вас лично Господь. А с собрания вы должны уйти с чувством удовлетворения и насыщения. Ощущаете ли вы святость, величие и могущество Бога? Как вы при этом себя чувствуете? Если вы можете дружески похлопать Бога по плечу, то вы в лжеучении. Если вы панически боитесь Бога, то вы ещё не пребываете во Христе. Мы должны чувствовать своё ничтожество и немощь перед Богом. ***4 Когда взираю я на небеса Твои - дело Твоих перстов, на луну и звезды, которые Ты поставил, 5 то что [есть] человек, что Ты помнишь его, и сын человеческий, что Ты посещаешь его?(Пс.8: 4,5)*** Но у нас есть Иисус, Который является нашим посредником перед Богом, Который назвал нас друзьями. ***14 Итак, имея Первосвященника великого, прошедшего небеса, Иисуса Сына Божия, будем твердо держаться исповедания [нашего]. 15 Ибо мы имеем не такого первосвященника, который не может сострадать нам в немощах наших, но Который, подобно [нам], искушен во всем, кроме греха. 16 Посему да приступаем с дерзновением к престолу благодати, чтобы получить милость и обрести благодать для благовременной помощи. (Евр.4:14-16)***

Когда мы изливаем наши чувства перед Богом, то делаем угодное Ему. ***9 Народ! надейтесь на Него во всякое время; изливайте пред Ним сердце ваше: Бог нам прибежище. (Пс.61: 9)*** Бог хочет, чтобы мы изливали перед Ним и самые сокровенные чувства. Но нельзя строить на чувствах. Иногда говорят: «Я не чувствую, что Бог посылает меня на это дело». Проверьте себя! Не чувствуете ли вы лень? Не чувствуете ли вы, что какое-то ваше дело стало важнее Божьего? Тогда вы ничего и не почувствуете, потому что Бог просто не говорит с вами.

Некогда вы пережили прощение грехов. Радость и любовь буквально переполняли вас. Это прекрасно! Но вот вы серьёзно согрешили, но потом от всего сердца покаялись, а таких чувств, как раньше, у вас не возникло. Некоторые впадают в отчаяние. Раз чувства не возникли, значит Иисус не простил. А Иисус хочет, чтобы вы строили не на чувствах, а на вере. Если я искренно и осмысленно покаялся, то Господь меня простил и омыл Кровью Своей. Может быть вы строили на чувствах и потому Иисус их в этот момент «закрыл», чтобы вы строили на вере. Если же вы строите на чувствах, то открываете дверь сатане. Мы уже видели, что он мастер играть на чувствах.

Но как отличить истинные чувства от ложных? Какие чувства в нас должны пребывать, а какие нужно немедленно подавлять? Отрицательные чувства при определённых обстоятельствах как бы вспыхивают в нас, стараются захватить нас. Это гнев, обида, зависть, желание отомстить, похоть, чувство превосходства, повышенная эмоциональность и другие. При этом мы находим себе оправдание. Если на него не крикнуть – он не поймёт. Меня кто-то обижает, а я ему улыбаться должен что ли? И зависть может искусно скрываться. Да пусть он имеет хорошую вещь, но я хочу иметь лучше. Я ж не у него забираю. Если человеку попускать, то он и на голову сядет. Нужно его на место поставить. Пусть и он в этой шкуре побывает. Я же ничего такого не делаю. Ну, посмотрел, какая фигурка, какие ножки. Один брат решил сделать предложение сестре, а она дочь пресвитера. Так она ему ответила: «Ты посмотри, кто ты, а кто я». Если он передумал, то правильно сделал. Здесь же и желание чем-то отличаться от других, а чем – неважно. Почему молиться нужно непременно плачущим голосом? Бывают такие обстоятельства, когда нужно не просто плакать, а рыдать о себе и о своих детях. Но если человек молится общими фразами, не кается и ничего важного не просит, а при этом плачет или подвывает – это ненормально. Крики, визги, хохот во время Богослужения вызывают удивление. А где же благоговение перед Богом?

Недобрые чувства сатана в нас воспламеняет, а добрые подавляет, затормаживает. Когда вы пришли к Богу, то полюбили Иисуса, полюбили братьев и сестёр. А сейчас? Вы ревновали о церкви, о деле Божьем, о том, как бы угодить Богу. А сейчас? Легко ли вы прощаете? ***10 А кого вы в чем прощаете, того и я; ибо и я, если в чем простил кого, простил для вас от лица Христова, 11 чтобы не сделал нам ущерба сатана, ибо нам не безызвестны его умыслы. (2Кор.2:10,11)*** Потому будем бодрствовать и трезвиться, чтобы не сделал и нам ущерба сатана.

Блаженны чистые сердцем

23 Испытай меня, Боже, и узнай сердце мое; испытай меня и узнай помышления мои; 24 и зри, не на опасном ли я пути, и направь меня на путь вечный. (Пс.138:23,24) Что имеет ввиду Давид, когда говорит о сердце? Конечно же не о том органе, который перегоняет кровь, но о внутренней сущности человека. Далеко не всегда мы говорим людям, что у нас в сердце. А как Бог видит сердце человека? ***9 Лукаво сердце [человеческое] более всего и крайне испорчено; кто узнает его? 10 Я, Господь, проникаю сердце и испытываю внутренности, чтобы воздать каждому по пути его и по плодам дел его. (Иер. 17:9,10)*** А что говорит Иисус? ***18 Он сказал им: неужели и вы так непонятливы? Неужели не разумеете, что ничто, извне входящее в человека, не может осквернить его? 19 Потому что не в сердце его входит, а в чрево, и выходит вон, [чем] очищается всякая пища. 20 Далее сказал: исходящее из человека оскверняет человека. 21 Ибо извнутрь, из сердца человеческого, исходят злые помыслы, прелюбодеяния, любодеяния, убийства, 22 кражи, лихоимство, злоба, коварство, непотребство, завистливое око, богохульство, гордость, безумство, - 23 все это зло извнутрь исходит и оскверняет человека. (Мар.7:18-23)*** Также привязанность к кому-то или к чему-то исходит из сердца. ***19 Не собирайте себе сокровищ на земле, где моль и ржа истребляют и где воры подкапывают и крадут, 20 но собирайте себе сокровища на небе, где ни моль, ни ржа не истребляют и где воры не подкапывают и не крадут, 21 ибо где сокровище ваше, там будет и сердце ваше. (Матф.6:19-21)***

Итак, сердце наше испорчено ещё от Адама. В Библии оно называется также жестоким, чёрствым, каменным. Но что же делает Бог? Он способен дать нам новое сердце. Речь здесь, конечно же, не идёт о пересадке сердца. ***24 И возьму вас из народов, и соберу вас из всех стран, и приведу вас в землю вашу. 25 И окроплю вас чистою водою, и вы очиститесь от всех скверн ваших, и от всех идолов ваших очищу вас. 26 И дам вам сердце новое, и дух новый***

дам вам; и возьму из плоти вашей сердце каменное, и дам вам сердце плотяное. 27 Вложу внутрь вас дух Мой и сделаю то, что вы будете ходить в заповедях Моих и уставы Мои будете соблюдать и выполнять. (Иез.36:24-27) Это относится не только к Израилю, но происходит со всяким, искренно принявшим Иисуса Христа, как своего Спасителя и Господа.

Итак, мы имеем новое сердце, очищенное от всех скверн наших. Но враг душ человеческих не успокаивается и вновь хочет завладеть нашим сердцем. Он вложил в сердце Иуды Искариота желание предать Иисуса. ***1 Некоторый же муж, именем Анания, с женою своею Сапфирою, продав имение, 2 утаил из цены, с ведома и жены своей, а некоторую часть принес и положил к ногам Апостолов. 3 Но Петр сказал: Анания! Для чего [ты допустил] сатане вложить в сердце твое [мысль] солгать Духу Святому и утаить из цены земли? 4 Чем ты владел, не твое ли было, и приобретенное продажею не в твоей ли власти находилось? Для чего ты положил это в сердце твоем? Ты солгал не человекам, а Богу. 5 Услышав сии слова, Анания пал бездыханен; и великий страх объял всех, слышавших это. (Деян.5:1-5)*** Поэтому в Писании сказано: ***23 Больше всего хранимого храни сердце твое, потому что из него источники жизни. 24 Отвергни от себя лживость уст, и лукавство языка удали от себя. (Прит.4:23,24)***

Анания и Сапфира были возрождёнными, однако сатана нашёл доступ к их сердцам. Мы также возрождённые. Но то, что мы возрождённые, не гарантирует нам полной безопасности. Мы несём ответственность за состояние нашего сердца. ***13 Мудр ли и разумен кто из вас, докажи это на самом деле добрым поведением с мудрою кротостью. 14 Но если в вашем сердце вы имеете горькую зависть и сварливость, то не хвалитесь и не лгите на истину. 15 Это не есть мудрость, нисходящая свыше, но земная, душевная, бесовская, 16 ибо где зависть и сварливость, там неустройство и все худое. (Иак.3:13-16)*** Если сатана опять завладевает сердцем, возможно ли возвращение к Богу? Иуда, Анания и Сапфира не смогли. Но если Иисус живёт в нашем сердце, то мы блаженны и имеем великие и драгоценные обетования. ***6 Блажен человек, которого сила в Тебе и у которого в сердце стези направлены [к Тебе]. (Пс. 83:6) 8 Блаженны чистые сердцем, ибо они Бога узрят. (Матф.5:8)***

Мы уже говорили о значении Слова Божия в нашей жизни, о регулярном чтении Библии. Но Писание должно также глубоко проникать в нас. ***12 Ибо слово Божие живо и действенно и острее всякого меча обоюдоострого: оно проникает до разделения души и духа, составов и мозгов, и судит помышления и намерения сердечные. 13 И нет твари, сокровенной от Него, но все обнажено и открыто перед очами Его: Ему дадим отчет. (Евр.4:12,13)*** Давайте вникнем в этот текст. Почему он написан? Ещё в третьей главе сказано: ***12 Смотрите, братия, чтобы не было в ком из вас сердца лукавого и неверного, дабы вам не отступить от Бога живого. 13 Но наставляйте друг друга каждый день, доколе можно говорить: "ныне", чтобы кто из вас не ожесточился, обольстившись грехом. 14 Ибо мы сделались причастниками Христу, если только начатую жизнь твердо сохраним до конца, 15 доколе говорится: "ныне, когда услышите глас Его, не ожесточите сердец ваших, как во время ропота". (Евр.3:12-15)*** Слыша слово, мы можем ожесточить сердце, не растворить слово верою и оказаться опоздавшими. Поэтому здесь и говорится о действии слова Божья. Но текст начинается о слове, а заканчивается о Боге. Как это понимать? Мы сейчас не слышим голос Божий, но имеем Библию. Книга же сама по себе неодушевлённая и буквы в ней не живые. Как же это может быть не только живым, но и проникать, и судить? В электронных приборах содержится масса различной информации, но когда прибор выключен, она как бы мёртвая. Когда же прибор включается, она оживает и воздействует на нас. Надеюсь, что этого вы отрицать не можете. Библия также содержит в себе информацию и, когда мы её читаем, то информация оживает и воздействует на нас. Но главное в том, что Вездесущий Бог видит каждого из нас и обращает на нас особое внимание, когда мы открываем Библию. Таким образом Бог и Его слово сливаются воедино и воздействуют на нас. Поэтому нам уже сейчас нужно проверить себя, с каким сердцем мы читаем Слово Божие. Дух же Святой, живущий в нас, хочет учить нас и наставлять на всякую истину через Слово Божье.

Дух оживлённый

23 Сам же Бог мира да освятит вас во всей полноте, и ваш дух и душа и тело во всей целости да сохранится без порока в пришествие Господа нашего Иисуса Христа. 24 Верен

Призывающий вас, Который и сотворит [сие]. (1Фесс.5:23,24) Слово дух имеет в Писании несколько значений. О духах, как о живых и разумных существах, мы уже говорили. В других местах Библии слово дух означает состояние человека. ***10 Я был в духе в день воскресный, и слышал позади себя громкий голос, как бы трубный, который говорил: Я есмь Альфа и Омега, Первый и Последний; 11 то, что видишь, напиши в книгу и пошли церквам, находящимся в Асии: в Ефес, и в Смирну, и в Пергам, и в Фиатиру, и в Сардис, и в Филадельфию, и в Лаодикию. (Откр.1:10,11)*** Здесь говорится об особенном состоянии Иоанна, в котором он мог общаться с Иисусом Христом. Слово дух означает также наш образ жизни. ***1 Итак нет ныне никакого осуждения тем, которые во Христе Иисусе живут не по плоти, но по духу, 2 потому что закон духа жизни во Христе Иисусе освободил меня от закона греха и смерти. 3 Как закон, ослабленный плотию, был бессилен, то Бог послал Сына Своего в подобии плоти греховной [в жертву] за грех и осудил грех во плоти, 4 чтобы оправдание закона исполнилось в нас, живущих не по плоти, но по духу. 5 Ибо живущие по плоти о плотском помышляют, а живущие по духу - о духовном. 6 Помышления плотские суть смерть, а помышления духовные - жизнь и мир, 7 потому что плотские помышления суть вражда против Бога; ибо закону Божию не покоряются, да и не могут. 8 Посему живущие по плоти Богу угодить не могут. 9 Но вы не по плоти живете, а по духу, если только Дух Божий живет в вас. Если же кто Духа Христова не имеет, тот [и] не Его. 10 А если Христос в вас, то тело мертво для греха, но дух жив для праведности. 11 Если же Дух Того, Кто воскресил из мертвых Иисуса, живет в вас, то Воскресивший Христа из мертвых оживит и ваши смертные тела Духом Своим, живущим в вас. 12 Итак, братия, мы не должники плоти, чтобы жить по плоти; 13 ибо если живете по плоти, то умрете, а если духом умерщвляете дела плотские, то живы будете. 14 Ибо все, водимые Духом Божиим, суть сыны Божии. 15 Потому что вы не приняли духа рабства, [чтобы] опять [жить] в страхе, но приняли Духа усыновления, Которым взываем: "Авва, Отче!" 16 Сей самый Дух свидетельствует духу нашему, что мы - дети Божии. 17 А если дети, то и наследники, наследники Божии, сонаследники же Христу, если только с Ним страдаем, чтобы с Ним и прославиться. (Рим.8:1-***

17) Стих 16 говорит о нашем духе. О нём мы и порассуждаем в этой главе. Но наш дух и Дух Святой – это разные понятия.

Стих, с которого я начал главу, говорит о нашем триединстве. Писание говорит, что Бог дал нам дух. ***7 И возвратится прах в землю, чем он и был; а дух возвратился к Богу, Который дал его. (Еккл.12:7) 7 И создал Господь Бог человека из праха земного, и вдунул в лице его дыхание жизни, и стал человек душею живою. (Быт.2:7)*** Дыхание жизни это дух жизни. Наш дух способен жить только в нашем теле до дня смерти и не имеет таких способностей и возможностей, которые имеют ангелы. Для чего он нам дан? Для того, чтобы мы имели возможность общаться с Богом. Адам имел эту возможность, но когда он согрешил, дух его умер, а общение с Богом прекратилось. Теперь мы все рождаемся с мёртвым, то есть, абсолютно бездейственным духом, и неспособны общаться с Богом. Общаться означает иметь общие интересы и общие дела. Иногда люди поболтают о том, о сём и о том, что здесь неудобно и стыдно было бы рассказать, и говорят: «Как мы хорошо пообщались!» Но такого «общения» Бог не признаёт.

Мы уже говорили о том, что Бог хочет возвратить отпавшего человека к Себе через Голгофский подвиг Иисуса Христа. Но, для того, чтобы опять восстановить общение с человеком, нужно не только очистить его от грехов, но и оживить его дух. Всемогущий Бог делает и это. ***5 и нас, мертвых по преступлениям, оживотворил со Христом, - благодатью вы спасены, - 6 и воскресил с Ним, и посадил на небесах во Христе Иисусе, 7 дабы явить в грядущих веках преизобильное богатство благодати Своей в благости к нам во Христе Иисусе. (Еф.2:5-7)*** А кто будет на небесах в грядущих веках? Это наш оживший дух и душа. А на новой земле у нас будет и новое безгрешное тело. Сейчас же мы вновь обрели способность общаться с Богом на всяком месте и во всякое время. Не только наш дух ожил, но в нас живёт и Дух Святой, Который свидетельствует духу нашему, что мы дети Божьи. Теперь мы можем духом умерщвлять дела плоти. Дух наш стремится к Богу и взаимодействует с душой, которая тоже начинает искать Бога. ***2 Боже! Ты Бог мой, Тебя от ранней зари ищу я; Тебя жаждет душа моя, по Тебе томится плоть моя в земле пустой, иссохшей и безводной, 3 чтобы видеть силу Твою и славу Твою, как я видел Тебя во святилище: 4 ибо милость Твоя лучше, нежели жизнь. Уста мои восхвалят Тебя. (Пс.62:2-4)*** Наш дух теперь взаимодействует с разумом, волей, чувствами и сердцем, направляя нас к Богу. Также и тело наше теперь подчиняется нам.

Мы уже говорили о том, что дьявол атакует наш разум, волю, чувства и сердце, пытается вновь овладеть ими. Если мы поддаёмся его наущениям, то дух наш ослабевает и может быть поражённым. ***15 Дух человека переносит его немощи; а пораженный дух - кто может подкрепить его? (Прит.18:15)*** Такие люди совершенно отпадают, ненавидят Церковь, Бога и всё святое и часто бывают одержимыми нечистыми духами. Писание приводит нам в пример царя Саула. ***14 А от Саула отступил Дух Господень, и возмущал его злой дух от Господа. (1Цар.16:14)***

Как же нам одержать победу в духе? Раз Бог восстановил способность нашего духа для общения с Ним, то мы и должны общаться с Богом. Мы часто об этом забываем и потому самовольничаем, пытаемся решать наши проблемы своим разумом и своими же силами. Мы должны уподобиться артиллеристу. Сам он цели часто не видит, но слушается голоса командира, который связан со средствами наведения. И если он в точности выполнит указания командира, то поразит цель. Давид в трудных обстоятельствах не оставлял общения с Богом. ***2 Возлюблю тебя, Господи, крепость моя! 3 Господь - твердыня моя и прибежище мое, Избавитель мой, Бог мой, - скала моя; на Него я уповаю; щит мой, рог спасения моего и убежище мое. 4 Призову достопоклоняемого Господа и от врагов моих спасусь. (Пс.17:2-4)*** Но и в спокойной обстановке Бог тоже хочет общаться с нами. Бог не хочет подловить нас на каком-то грехе или прочитать нам занудную нотацию. Он хочет открывать нам Себя и Сына Своего, а Сын возвещает нам об Отце. Всё это производится силой Духа Святого, живущего в нас. Познаёте ли вы величие и красоту Бога нашего? ***1 Аллилуия. Славлю [Тебя], Господи, всем сердцем [моим] в совете праведных и в собрании. 2 Велики дела Господни, вожделенны для всех, любящих оные. 3 Дело Его - слава и красота, и правда Его пребывает вовек. 4 Памятными соделал Он чудеса Свои; милостив и щедр Господь. 5 Пищу дает боящимся Его; вечно помнит завет Свой. (Пс.110:1-5)***

16 И спасет их Господь Бог их в тот день, как овец, народ Свой; ибо, подобно камням в венце, они воссияют на земле Его. 17 О, как велика благость его и какая красота его! Хлеб одушевит язык у юношей и вино - у отроковиц! (Зах.9: 16,17)

10 И благословил Давид Господа пред всем собранием, и сказал Давид: благословен Ты, Господи Боже Израиля, отца нашего, от века и до века! 11 Твое, Господи, величие, и могущество, и слава, и победа и великолепие, и все, [что] на небе и на земле, [Твое]: Твое, Господи, царство, и Ты превыше всего, как Владычествующий. 12 И богатство и слава от лица Твоего, и Ты владычествуешь над всем, и в руке Твоей сила и могущество, и во власти Твоей возвеличить и укрепить все. 13 И ныне, Боже наш, мы славословим Тебя и хвалим величественное имя Твое. (1Пар.29:10-13)

8 Да наполнятся уста мои хвалою, [чтобы воспевать] всякий день великолепие Твое. (Пс.70:8)

2 Излилось из сердца моего слово благое; я говорю: песнь моя о Царе; язык мой - трость скорописца. 3 Ты прекраснее сынов человеческих; благодать излилась из уст Твоих; посему благословил Тебя Бог на веки. (Пс.44:2,3) Если вы имеете общение с Богом, то поймёте, о ком здесь говорится. Общение с Богом может быть очень разнообразным. Примеры такого общения мы находим в книге Псалтирь. Люди, которые пребывают в общении с Господом, часто получают и откровения от Него. ***12 Кто есть человек, боящийся Господа? Ему укажет Он путь, который избрать. 13 Душа его пребудет во благе, и семя его наследует землю. 14 Тайна Господня - боящимся Его, и завет Свой Он открывает им. (Пс.24:12-14)*** Если мы стремимся к общению с Богом и стараемся развивать его, то сатане не будет в нас места.

Способность созидать

11 Так говорит Господь, Святый Израиля и Создатель его: вы спрашиваете Меня о будущем сыновей Моих и хотите Мне указывать в деле рук Моих? 12 Я создал землю и сотворил на ней человека; Я - Мои руки распростерли небеса, и всему воинству их дал закон Я. (Ис.45:11,12) Бог, являясь Создателем всего, дал и нам способность к созиданию, к творческой деятельности. И если мы смотрим на современный мир, то видим, что возможности творческой и научной деятельности человека весьма велики. Мощная техника, электроника, гигантские сооружения и проекты конечно впечатляют. Но не всё создаётся для пользы и блага человека. Создавая какие-то удобства, человек в то же время отравляет себе жизнь химией, дымом, выхлопными газами. А создание оружия массового поражения привело нас к жизни на пороховой бочке. А вы думаете, что это не действует на психику людей? Действует и вносит свой весомый вклад в умножение психически больных людей. А в дальнейшем Бог допустит, что бурная научно-техническая деятельность людей приведёт к разбалансировке в природе и климате. Также стихии небесные поколеблются. ***25 И будут знамения в солнце и луне и звездах, а на земле уныние народов и недоумение; и море восшумит и возмутится; 26 люди будут издыхать от страха и ожидания [бедствий], грядущих на вселенную, ибо силы небесные поколеблются, (Лук.21:25,26)*** Грех испортил нашу способность созидать только во благо. Люди не спрашивают Бога, когда хотят что-то создавать. Но князь мира сего готов им помочь, даже когда его не спрашивают, особенно при создании всяких гадостей. Деятельность в области искусства и культуры также осквернена грехом и сегодня служит больше к разрушению, чем к созиданию.

Бог создал человека с определённой целью. ***27 И сотворил Бог человека по образу Своему, по образу Божию сотворил его; мужчину и женщину сотворил их. 28 И благословил их Бог, и сказал им Бог: плодитесь и размножайтесь, и наполняйте землю, и обладайте ею, и владычествуйте над рыбами морскими и над птицами небесными, и над всяким животным, пресмыкающимся по земле. (Быт.1:27,28) 15 И взял Господь Бог человека, и поселил его в саду Едемском, чтобы возделывать его и хранить его. (Быт.2:15)*** Из этих стихов Священного Писания можно сделать вывод, что человек должен был трудиться, причём трудиться творчески. Садоводы понимают, что такое возделывать сад. Это не просто окопать и полить деревья, но нужно знать, как обрезывать то или иное растение, когда прививать, когда и какими удобрениями удобрять, как улучшить качество плодов. Животные же должны бы-ли способствовать трудовой деятельности человека. Притом всякое животное должно было подчиняться человеку. Ослы, волы, кони, слоны могли использоваться, как сила для перевозки тяжестей, жирафы как подъёмные краны. Представьте себе корабль на китовой или акульной тяге или летательный аппарат, движущийся силой больших орлов. Всё это не дымит, не коптит и питается травкой, которой на земле было вдоволь. Но грех всё испортил. ***17 Адаму же сказал: за то, что ты послушал голоса жены твоей и ел от дерева, о котором Я заповедал тебе, сказав: не***

ешь от него, проклята земля за тебя; со скорбью будешь питаться от нее во все дни жизни твоей; 18 терния и волчцы произрастит она тебе; и будешь питаться полевою травою; 19 в поте лица твоего будешь есть хлеб, доколе не возвратишься в землю, из которой ты взят, ибо прах ты и в прах возвратишься. (Быт. 3:17-19) Теперь труд для очень многих стал не радостью, а тяжкой необходимостью.

Но Бог, даруя человеку радость спасения, хочет возвратить ему и радость труда, и радость творчества, и радость служения. ***10 Дай мне услышать радость и веселие, и возрадуются кости, Тобою сокрушенные. 11 Отврати лице Твое от грехов моих и изгладь все беззакония мои. 12 Сердце чистое сотвори во мне, Боже, и дух правый обнови внутри меня. 13 Не отвергни меня от лица Твоего и Духа Твоего Святого не отними от меня. 14 Возврати мне радость спасения Твоего и Духом владычественным утверди меня. (Пс.50:10-14)***

5 Сеявшие со слезами будут пожинать с радостью. 6 С плачем несущий семена возвратится с радостью, неся снопы свои. (Пс.125:5,6)

24 Но я ни на что не взираю и не дорожу своею жизнью, только бы с радостью совершить поприще мое и служение, которое я принял от Господа Иисуса, проповедать Евангелие благодати Божией. (Деян.20:24)

Сейчас Иисус созидает Церковь Свою и хочет для этого привлечь нас к труду и поставить на служение. ***11 И Он поставил одних Апостолами, других пророками, иных Евангелистами, иных пастырями и учителями, 12 к совершению святых, на дело служения, для созидания Тела Христова, 13 доколе все придем в единство веры и познания Сына Божия, в мужа совершенного, в меру полного возраста Христова; 14 дабы мы не были более младенцами, колеблющимися и увлекающимися всяким ветром учения, по лукавству человеков, по хитрому искусству обольщения, 15 но истинною любовью все возращали в Того, Который есть глава Христос, 16 из Которого все тело, составляемое и совокупляемое посредством всяких взаимно скрепляющих связей, при действии в свою меру каждого члена, получает приращение для созидания самого себя в любви. (Еф.4:11-16)***

Читая Священное Писание, я не нашёл в нём места, где было бы сказано: «Иных сделал ненужными членами тела, а иным не дал ничего». Итак, каждый из нас должен участвовать в деле Божием для созидания Церкви. При этом не нужно оставлять и обычного нашего труда, но исполнять его добросовестно, как для Господа. ***6 Завещеваем же вам, братия, именем Господа нашего Иисуса Христа, удаляться от всякого брата, поступающего бесчинно, а не по преданию, которое приняли от нас, 7 ибо вы сами знаете, как должны вы подражать нам; ибо мы не бесчинствовали у вас, 8 ни у кого не ели хлеба даром, но занимались трудом и работою ночь и день, чтобы не обременить кого из вас, - 9 не потому, чтобы мы не имели власти, но чтобы себя самих дать вам в образец для подражания нам. 10 Ибо когда мы были у вас, то завещевали вам сие: если кто не хочет трудиться, тот и не ешь. 11 Но слышим, что некоторые у вас поступают бесчинно, ничего не делают, а суетятся. 12 Таковых увещеваем и убеждаем Господом нашим Иисусом Христом, чтобы они, работая в безмолвии, ели свой хлеб. 13 Вы же, братия, не унывайте, делая добро. (2Фесс.3:6-13)***

Но давайте рассмотрим труд для Господа с точки зрения нашей брани. Бог даёт нам желание к труду или служению, возможность трудиться на данном поприще, а также и силу для данного труда, которая выражается в дарованиях духовных. Но каждому Бог даёт как Ему угодно, ибо Он знает особенности и возможности каждого из нас. ***4 Дары различны, но Дух один и тот же; 5 и служения различны, а Господь один и тот же; 6 и действия различны, а Бог один и тот же, производящий все во всех. 7 Но каждому дается проявление Духа на пользу. 8 Одному дается Духом слово мудрости, другому слово знания, тем же Духом; 9 иному вера, тем же Духом; иному дары исцелений, тем же Духом; 10 иному чудотворения, иному пророчество, иному различение духов, иному разные языки, иному истолкование языков. 11 Все же сие производит один и тот же Дух, разделяя каждому особо, как Ему угодно. 12 Ибо, как тело одно, но имеет многие члены, и все члены одного тела, хотя их и много, составляют одно тело, - так и Христос. 13 Ибо все мы одним Духом крестились в одно тело, Иудеи или Еллины, рабы или свободные, и все напоены одним Духом. 14 Тело же не из одного члена, но из многих. 15 Если нога скажет: я не принадлежу к телу, потому что я не рука, то неужели она потому не принадлежит к телу? 16 И если ухо скажет: я не принадлежу к телу, потому что я не***

глаз, то неужели оно потому не принадлежит к телу? 17 Если все тело глаз, то где слух? Если все слух, то где обоняние? 18 Но Бог расположил члены, каждый в [составе] тела, как Ему было угодно. 19 А если бы все были один член, то где [было бы] тело? 20 Но теперь членов много, а тело одно. 21 Не может глаз сказать руке: ты мне не надобна; или также голова ногам: вы мне не нужны. 22 Напротив, члены тела, которые кажутся слабейшими, гораздо нужнее, 23 и которые нам кажутся менее благородными в теле, о тех более прилагаем попечения;24 и неблагообразные наши более благовидно покрываются, а благообразные наши не имеют [в том] нужды. Но Бог соразмерил тело, внушив о менее совершенном большее попечение, 25 дабы не было разделения в теле, а все члены одинаково заботились друг о друге. 26 Посему, страдает ли один член, страдают с ним все члены; славится ли один член, с ним радуются все члены. 27 И вы - тело Христово, а порознь - члены. 28 И иных Бог поставил в Церкви, во-первых, Апостолами, во-вторых, пророками, в-третьих, учителями; далее, [иным дал] силы [чудодейственные], также дары исцелений, вспоможения, управления, разные языки. 29 Все ли Апостолы? Все ли пророки? Все ли учители? Все ли чудотворцы? 30 Все ли имеют дары исцелений? Все ли говорят языками? Все ли истолкователи? (1Кор.12:4-30)

К этому месту Писания нужно относиться очень внимательно. Некоторые люди считают себя христианами, но не являются членами поместной общины. Но кому они подобны? ***42 Впрочем и из начальников многие уверовали в Него; но ради фарисеев не исповедывали, чтобы не быть отлученными от синагоги, 43 ибо возлюбили больше славу человеческую, нежели славу Божию. (Иоан.12:42,43)*** Такие люди не терпят насмешек и поношения ни дома, ни на работе, ни от соседей, но и о Христе не свидетельствуют. А чью просьбу они исполняют? ***31 И сказал Господь: Симон! Симон! се, сатана просил, чтобы сеять вас как пшеницу, 32 но Я молился о тебе, чтобы не оскудела вера твоя; и ты некогда, обратившись, утверди братьев твоих. (Лук.22:31,32)*** Согласился ли Иисус на эту просьбу? А они согласились. Но теперь они противятся не сатане, а Христу.

Иные являются членами церкви, но ни в каком труде для Господа не участвуют. Может быть это не возрождённые люди. И возрождённые люди могут уклоняться от служения или труда в общине. ***14 а упавшее в терние, это те, которые слушают слово, но, отходя, заботами, богатством и наслаждениями житейскими подавляются и не приносят плода; (Лук.8:14)*** Это мощный арсенал сатаны, чтобы лишить нас возможности служить Господу и друг другу. Слово забота употребляется в Библии в двух смыслах. Попечение о ком-то, о доме, о детях – вот что означает забота в положительном смысле. ***10 Я весьма возрадовался в Господе, что вы уже вновь начали заботиться о мне; вы и прежде заботились, но вам не благоприятствовали обстоятельства. (Фил.4:10) 15 Вы знаете, Филиппийцы, что в начале благовествования, когда я вышел из Македонии, ни одна церковь не оказала мне участия подаянием и принятием, кроме вас одних;16 вы и в Фессалонику и раз и два присылали мне на нужду. (Фил.4:15,16)*** В отрицательном смысле забота означает волнение, переживание. На иврите это два разных слова. Именно этим атакует нас дьявол, внося в наши повседневные дела суету, спешку, напряжение, неуверенность, несогласие, раздражение. Здесь нужно верой возложить все заботы на Бога. ***6 Не заботьтесь ни о чем, но всегда в молитве и прошении с благодарением открывайте свои желания пред Богом, 7 и мир Божий, который превыше всякого ума, соблюдет сердца ваши и помышления ваши во Христе Иисусе. (Фил.4:6,7)***

7 Все заботы ваши возложите на Него, ибо Он печется о вас. (1Пет.5:7)

31 Итак не заботьтесь и не говорите: что нам есть? или что пить? или во что одеться? 32 потому что всего этого ищут язычники, и потому что Отец ваш Небесный знает, что вы имеете нужду во всем этом. 33 Ищите же прежде Царства Божия и правды Его, и это все приложится вам. 34 Итак не заботьтесь о завтрашнем дне, ибо завтрашний [сам] будет заботиться о своем: довольно для [каждого] дня своей заботы. (Матф.6:31-34) Если мы захотим планировать нашу жизнь так, что на первом месте должно быть Божье, а потом наше, то этот принцип будет работать.

В западных странах возможность разбогатеть в своё время была гораздо больше, чем в восточных, поэтому христиане бывшего Советского Союза к себе это не прилагали, но сейчас времена сильно изменились, а увлечение бизнесом среди христиан резко возросло. Появилась возможность существенно улучшить условия жизни, возможность заработка за границей. Как правило, это ведёт к ослаблению или даже разрушению духовной жизни, оставлению труда для Господа, а то и вовсе к уходу из церкви. Даже, присоединившись к церкви за границей, они не могут нести полноценный труд для Господа, так как заняты зарабатыванием денег. Да и семьи разделяются. Из переселившихся за границу тоже многие рассеялись, увлекшись заработком и бизнесом. И обстоятельства так складываются, что другого выхода как бы нет, да и другие так делают. Из наблюдений многих служителей видно, что такие люди к Богу серьёзно и не обращались, но сами решали свои проблемы. Но Слово Божье действительно живо и действенно. ***19 Не собирайте себе сокровищ на земле, где моль и ржа истребляют и где воры подкапывают и крадут, 20 но собирайте себе сокровища на небе, где ни моль, ни ржа не истребляют и где воры не подкапывают и не крадут, 21 ибо где сокровище ваше, там будет и сердце ваше. 22 Светильник для тела есть око. Итак, если око твое будет чисто, то все тело твое будет светло; 23 если же око твое будет худо, то все тело твое будет темно. Итак, если свет, который в тебе, тьма, то какова же тьма? 24 Никто не может служить двум господам: ибо или одного будет ненавидеть, а другого любить; или одному станет усердствовать, а о другом нерадеть. Не можете служить Богу и маммоне. (Матф.6:19-24)***

Сатана предлагает нам также множество наслаждений. Одной из хитрых его уловок являются «безобидные» наслаждения. Есть ли у человека потребность в наслаждениях? Да, есть, и Писание этого не отрицает. Наслаждения могут быть от Бога. ***17 Богатых в настоящем веке увещевай, чтобы они не высоко думали [о] [себе] и уповали не на богатство неверное, но на Бога живого, дающего нам все обильно для наслаждения; (1Тим.6:17)*** Наслаждения могут быть от сатаны. ***24 Верою Моисей, придя в возраст, отказался называться сыном дочери фараоновой, 25 и лучше захотел страдать с народом Божиим, нежели иметь временное греховное наслаждение, 26 и поношение Христово почел большим для себя богатством, нежели Египетские сокровища; ибо он взирал на воздаяние. (Евр.11:24-26)*** Труд для Господа, жертвенность, общение со святыми даёт верующим удовлетворение и наслаждение. Греховные же наслаждения не насыщают, но затягивают душу в свои сети. Пока ты чем-то наслаждаешься, ты доволен, а когда наслаждение прекращается, то что дальше? Унылая действительность без всякой перспективы на будущее. Сатана очень хитрый и коварный вор. Воры залазят в карман и крадут, а дьявол вкладывает нам в карман. Вы догадались, что? Раньше верующие воздерживались от телевизора, посещения кино, театров и других зрелищ, а теперь всё это в кармане. Кнопочку нажал, пальцем по экрану поводил и общайся, с кем хочешь, смотри и слушай, что хочешь, играй во что хочешь. А про Бога как-то забываешь. Так дьявол через эту игрушку уже у многих украл Бога. Но как же победить?

Прежде всего нужно выяснить для себя, являются ли эти вещи насущной необходимостью или просто развлечением. Если это так, то есть опасность попасть в компьютерную зависимость. Нужно раскаяться в этом, как во грехе, отречься, как от наркотической зависимости и искать труда для Господа. Тогда будет успех и сила отказаться от этих приборов и перейти на более простые. Многим же христианам и служителям приходится иметь дело с компьютерами и смартфонами. Они используют их для труда в церкви. Я тоже много тружусь, используя компьютер при сочинении музыки, написании книг, передачи информации на сайты и для печати, общения с такими же творческими работниками как и я. Использую его также и для служения в поместной церкви. Но всем нам нельзя быть самоуверенными, но искренно молиться Богу об охране и защите от бесчисленных искушений интернета.

7 Негодных же и бабьих басен отвращайся, а упражняй себя в благочестии, 8 ибо телесное упражнение мало полезно, а благочестие на все полезно, имея обетование жизни настоящей и будущей. (1Тим.4:7,8) 9 Учениями различными и чуждыми не увлекайтесь; ибо хорошо благодатью укреплять сердца, а не яствами, от которых не получили пользы занимающиеся ими. (Евр.13:9) Эти тексты я привёл потому что у христиан нередко возникают подобные увлечения. Очевидно во времена Апостолов знали о телесных упражнениях для сохранения здоровья, для сохранения фигуры, о лечебной физкультуре и лечебной гимнастике. Сейчас же забота о своём здоровье становится самоцелью, идолом для многих христиан. Результаты не замедлят сказаться. Одна сестра решила похудеть и пошла в спортзал, где делают соответствующие упражнения, но под какую музыку! Похудела ли она – не знаю, но в церковь больше не пришла. Я назначенных мне три километра прошёл, а на собрание пойти уже нет сил. А почему бы не сделать крюк в три километра, идя на собрание. Можно ещё кого-то встретить и пригласить. Почему бы не пройти эти три километра с трактатами? Но до этого как-то не додумываются. Главное – здоровье! Увлекаются также различными промываниями и очищениями. Имеет ли это научную основу или это действительно бабьи басни?

Сейчас многие пищевые продукты содержат в себе консерванты и другие химические добавки, а многие считают, что в колбасе вообще нет мяса. Насчёт колбасы не знаю, но консерванты в продуктах есть. Люди этого боятся и хотят питаться более чистой и здоровой пищей. Но у многих возникает проблема: а где её найти? И начинаются увлечённые поиски и изыскания. Оказывается, что такие продукты есть, но стоят они гораздо дороже обычных. Но для того, чтобы питаться чистой и здоровой пищей, нужно много денег зарабатывать. В эту ловушку попали уже многие христиане. Если христиане не увлекаются употреблением спиртных напитков, то увлекаются чрезмерным употреблением соков и настоев, конечно же, для здоровья. Здесь нужно быть очень внимательным, потому что можно незаметно скатиться на биодобавки, а затем и на нетрадиционную медицину.

Как избежать всех этих ловушек сатаны? Мы должны верить, что Бог не только спас нас через Иисуса Христа, но и предназначил нам определённый труд в церкви во славу Его. *7 **Просите, и дано будет вам; ищите, и найдете; стучите, и отворят вам; 8 ибо всякий просящий получает, и ищущий находит, и стучащему отворят. (Матф.7:7,8)*** А о чём просить, чего искать, зачем стучать, вы задумывались? Савл при встрече с Иисусом на пути в Дамаск сразу спросил: «Господи! Что повелишь мне делать?» С той поры Господь всегда указывал ему, что делать. Если вы верите, что и вам даны таланты, и для вас есть труд, предопределённый Господом, то по вере вашей да будет вам!

Вера, побеждающая мир

Мы пришли к Господу верой. ***8 Ибо благодатью вы спасены через веру, и сие не от вас, Божий дар: 9 не от дел, чтобы никто не хвалился. (Еф.2:8,9*)** Это спасающая вера. А в дальнейшей жизни с Богом нам нужна вера? Для многих этот вопрос оказывается трудным. Но давайте посмотрим, что говорит об этом Священное Писание. ***6 Итак мы всегда благодушествуем; и как знаем, что, водворяясь в теле, мы устранены от Господа, - 7 ибо мы ходим верою, а не видением, - 8 то мы благодушествуем и***

желаем лучше выйти из тела и водвориться у Господа. 9 И потому ревностно стараемся, водворяясь ли, выходя ли, быть Ему угодными; (2Кор.5:6-9)

6 А без веры угодить Богу невозможно; ибо надобно, чтобы приходящий к Богу веровал, что Он есть, и ищущим Его воздает. (Евр.11:6) 1 Вера же есть осуществление ожидаемого и уверенность в невидимом. 2 В ней свидетельствованы древние. 3 Верою познаем, что веки устроены словом Божиим, так что из невидимого произошло видимое. (Евр.-11:1-3) Если прочитать эту главу до конца, то мы увидим, что все, приведённые в ней герои веры, были людьми, уже знающими Бога. Итак, познание Бога и Его дел происходит через веру. Верой мы ожидаем осуществления просимого и уверены в том что невидимый Бог знает наши нужды и вникает в наши просьбы. Верой мы ищем не Бога, Которого мы уже нашли, а близости с Богом. ***4 Ищите Господа и силы Его, ищите лица Его всегда. (Пс.104:4)*** Верой мы угождаем Богу. Мы ходим верой в этой жизни и верой же стремимся к вечной жизни. А какое значение имеет вера в нашей брани?

1 Всякий верующий, что Иисус есть Христос, от Бога рожден, и всякий, любящий Родившего, любит и Рожденного от Него. 2 Что мы любим детей Божиих, узнаем из того, когда любим Бога и соблюдаем заповеди Его. 3 Ибо это есть любовь к Богу, чтобы мы соблюдали заповеди Его; и заповеди Его нетяжки. 4 Ибо всякий, рожденный от Бога, побеждает мир; и сия есть победа, победившая мир, вера наша. 5 Кто побеждает мир, как не тот, кто верует, что Иисус есть Сын Божий? (1Иоан.5:1-5) Почему здесь идёт речь не о победе над дьяволом, а о победе над миром? Что есть мир? В Библии это слово употребляется в трёх значениях. Мы можем быть с кем-то в состоянии мира или вражды. ***10 Ибо если, будучи врагами, мы примирились с Богом смертью Сына Его, то тем более, примирившись, спасемся жизнью Его. (Рим.5:10)*** На иврите это слово – шалом. В другом значении это слово означает всю населённую землю, весь белый свет – олям на иврите. Но этот олям – мир – во-первых ещё живёхонек, во-вторых совершенно не подчиняется церкви. Где же тут победа? Но есть и третье значение этого слова – мир, поражённый грехом или греховный мир. Этот греховный мир вновь пытается вернуть нас себе, а также завладеть Церковью. Он пытается проникнуть в каждого из нас и в этой борьбе нам нужна только победа. ***15 Не любите мира,***

ни того, что в мире: кто любит мир, в том нет любви Отчей. 16 Ибо все, что в мире: похоть плоти, похоть очей и гордость житейская, не есть от Отца, но от мира сего. 17 И мир проходит, и похоть его, а исполняющий волю Божию пребывает вовек. (1Иоан.2:15-17) 4 Прелюбодеи и прелюбодейцы! не знаете ли, что дружба с миром есть вражда против Бога? Итак, кто хочет быть другом миру, тот становится врагом Богу. (Иак.4:4) А если он становится врагом Богу, то на чьей стороне он тогда воюет? Итак, дьявол, как сам, так и с помощью мира, пытается вновь завладеть нами и поразить нас. Из предыдущих глав мы видим, через что сатана пытается проникнуть внутрь нас. Но нам нужно занять твёрдую позицию веры во всех отношениях.

Верой мы одерживаем победу в нашем разуме. Мы верим, что наш ум обновлён, что мы теперь напрямую можем общаться с Отцом и Сыном на всяком месте. Верой мы познаём Священные Писания, получая из них откровения, наставления, обличения и вразумления. Верой мы пленяем плотские помышления, восстающие на душу нашу. Верой мы предоставляем Богу планировать нашу жизнь. Теперь мы видим настоящее и будущее с позиции веры. Самих себя мы также оцениваем с позиции веры. С верой мы совершаем творческий труд для Господа, если Он нас к нему призвал. Бог может дать нам для этой цели дарования, которых у нас раньше не было, а может употребить и наши природные таланты и способности. Если таковые у вас есть, то не забудьте освятить их и посвятить Господу.

Если мы принимаем верой, что воля Божья действительно благая и совершенная и что любящим Бога, призванным по Его изволению всё содействует ко благу, то мы должны верою же и подчиниться Его воле. Но мы же окажемся беззащитными! Секрет в том, что мы теперь не сами себя защищаем, но Сам Бог берёт нашу защиту в Свои руки. Когда Израильтяне вышли из Египта, фараон вскоре погнался за ними. ***10 Фараон приблизился, и сыны Израилевы оглянулись, и вот, Египтяне идут за ними: и весьма устрашились и возопили сыны Израилевы к Господу, 11 и сказали Моисею: разве нет гробов в Египте, что ты привел нас умирать в пустыне? что это ты сделал с нами, выведя нас из Египта? 12 Не это ли самое говорили мы тебе в Египте, сказав: оставь нас, пусть мы работаем Египтянам? Ибо лучше быть нам в рабстве у Египтян, нежели умереть в пустыне. 13 Но Моисей сказал на-***

роду: не бойтесь, стойте - и увидите спасение Господне, которое Он соделает вам ныне, ибо Египтян, которых видите вы ныне, более не увидите во веки; 14 Господь будет поборать за вас, а вы будьте спокойны. Передача своей защиты в руки Божьи является великим подвигом веры. Даже Моисей не сразу с этим справился. Народу-то он сказал, а сам ещё переживал и волновался. ***15 И сказал Господь Моисею: что ты вопиешь ко Мне? скажи сынам Израилевым, чтоб они шли, 16 а ты подними жезл твой и простри руку твою на море, и раздели его, и пройдут сыны Израилевы среди моря по суше; (Исх.14:10-16)*** Не нужно также мстить за себя.***17 никому не воздавайте злом за зло, но пекитесь о добром перед всеми человеками. 18 Если возможно с вашей стороны, будьте в мире со всеми людьми. 19 Не мстите за себя, возлюбленные, но дайте место гневу [Божию]. Ибо написано: Мне отмщение, Я воздам, говорит Господь. 20 Итак, если враг твой голоден, накорми его; если жаждет, напой его: ибо, делая сие, ты соберешь ему на голову горящие уголья. 21 Не будь побежден злом, но побеждай зло добром. (Рим.12:17-21)*** Помните, что воздаяние Бога нечестивым гораздо больше нашего отмщения. А бывает, что люди, которым мы не отомстили за зло, сделанное нам, обращаются к Богу, а мы становимся соучастниками дела спасения этих душ и приобретения их для Христа.

Но разве не бывает так, что христиане страдают, а Бог их как бы и не защищает? Страдания бывают по разным причинам, О страданиях за Христа мы поговорим в отдельной главе. Мы же часто страдаем не за Христа, а от того, что не слушаемся Бога, противимся Ему, самовольничаем. Но Бог не отвергает нас, но наказывает страданиями, чтобы мы образумились. Воля Божия есть освящение наше. А для того, чтобы нас освятить, нас нужно очистить и переплавить в горниле страданий. ***4 Вы еще не до крови сражались, подвизаясь против греха, 5 и забыли утешение, которое предлагается вам, как сынам: сын мой! не пренебрегай наказания Господня, и не унывай, когда Он обличает тебя. 6 Ибо Господь, кого любит, того наказывает; бьет же всякого сына, которого принимает. 7 Если вы терпите наказание, то Бог поступает с вами, как с сынами. Ибо есть ли какой сын, которого бы не наказывал отец? 8 Если же остаетесь без наказания, которое всем обще, то вы незаконные дети, а не сыны. 9 Притом, [если] мы, будучи наказываемы плотскими родителями нашими,***

боялись их, то не гораздо ли более должны покориться Отцу духов, чтобы жить? 10 Те наказывали нас по своему произволу для немногих дней; а Сей - для пользы, чтобы нам иметь участие в святости Его. 11 Всякое наказание в настоящее время кажется не радостью, а печалью; но после наученным через него доставляет мирный плод праведности. (Евр.12:4-11)

Итак, наша победа состоит в полной отдаче себя Богу. До тех пор, пока Он не победит в нас, мы не сможем побеждать сатану.

Мы уже говорили о том, что нам нужно строить наши отношения с Богом не на чувствах, а на вере и послушании. Здесь не нужно путать чувства доминирующие и чувства сопровождающие. Когда чувства воспламеняются в нас, захватывают нас, лишают возможности рассуждать и молиться, прислушиваться к советам других - это доминирующие чувства. Мы в серьёзной опасности! Нужно остановиться, ничего не предпринимать, успокоиться, укрыться во Христе и подождать. Он поможет нам прийти в себя и трезво оценить ситуацию. Если мы делаем что-либо по воле Божьей, то нас обязательно будет сопровождать чувство радости, удовлетворения, восхищения от того, как Господь совершает то или иное дело, решает ту или иную проблему. ***22 Ты имеешь веру? имей ее сам в себе, пред Богом. Блажен, кто не осуждает себя в том, что избирает. (Рим.14: 22)***

Если мы радуемся об успехе благовестия, о возрастании во Христе наших братьев и сестёр, о духовной зрелости служителей и проповедников, о добрых и искренних взаимоотношений в нашей общине, ревнуем о благосостоянии церкви, о взаимопомощи, то такие чувства не следует анализировать, какие они. Они от Бога. Мы должны верить, что Бог вложил в нас чувствования Христовы, а любовь наша должна возрастать в познании и всяком добром чувстве. ***13 Всякий, питаемый молоком, несведущ в слове правды, потому что он младенец; 14 твердая же пища свойственна совершенным, у которых чувства навыком приучены к различению добра и зла. (Евр.5:13,14)*** Что такое навык? Это постоянные упражнения, посредством которых какое-то действие доводится до автоматизма. Также и нам нужно упражняться в подавлении злых чувств и развитии добрых чувств. ***7 Негодных же и бабьих басен отвращайся, а упражняй себя в благочестии, 8 ибо телесное упражнение мало полезно, а благочестие на все полезно, имея обетование жизни настоящей и будущей. (1Тим.4:7,8) 14 Пусть***

и наши учатся упражняться в добрых делах, [в] [удовлетворении] необходимым нуждам, дабы не были бесплодны. (Тит.3:14)

Дорогие читатели! Мы можем много лет считать себя верующими, но быть в смертельной опасности. ***4 Во время старости Соломона жены его склонили сердце его к иным богам, и сердце его не было вполне предано Господу Богу своему, как сердце Давида, отца его. (3Цар.11:4)*** Этот же недостаток встречается и у верующих Нового Завета. Потому Апостол Павел молится о Ефесской церкви. ***14 Для сего преклоняю колени мои пред Отцем Господа нашего Иисуса Христа, 15 от Которого именуется всякое отечество на небесах и на земле, 16 да даст вам, по богатству славы Своей, крепко утвердиться Духом Его во внутреннем человеке, 17 верою вселиться Христу в сердца ваши, 18 чтобы вы, укорененные и утвержденные в любви, могли постигнуть со всеми святыми, что широта и долгота, и глубина и высота, 19 и уразуметь превосходящую разумение любовь Христову, дабы вам исполниться всею полнотою Божиею. 20 А Тому, Кто действующею в нас силою может сделать несравненно больше всего, чего мы просим, или о чем помышляем, 21 Тому слава в Церкви во Христе Иисусе во все роды, от века до века. Аминь. (Еф.3:14-21) 61 Да будет сердце ваше вполне предано Господу Богу нашему, чтобы ходить по уставам Его и соблюдать заповеди Его, как ныне. (3Цар.8:61)*** Верою Христос не только должен вселиться в сердца наши, но и постоянно там находиться.

Наш оживший дух теперь может свободно общаться с Богом. Но если мы только просим чего-то у Него и даже с верой, это ещё нельзя назвать общением с Ним. Бог же хочет, чтобы мы не только просили что-то у Него, но и слушали то, что Он нам хочет сказать. Верите ли вы в то, что Господь желает общаться именно с вами, что у Него есть с вами общие цели, общие интересы, общие дела? ***22 Будьте же исполнители слова, а не слышатели только, обманывающие самих себя. 23 Ибо, кто слушает слово и не исполняет, тот подобен человеку, рассматривающему природные черты лица своего в зеркале: 24 он посмотрел на себя, отошел и тотчас забыл, каков он. 25 Но кто вникнет в закон совершенный, [закон] свободы, и пребудет в нем, тот, будучи не слушателем забывчивым, но исполнителем дела, блажен будет в своем действии. (Иак.1:22-25)*** Наш дух не является некой самостоятельной личностью, как Дух Святой, но соединён с нашей душой и телом. Если в нас живёт неверие и нежелание общаться с Богом, то наш дух снова умрёт и возможность общения с Богом будет утрачена. Поэтому сатана хочет поразить наш дух сомнениями и ложными представлениями о Боге.

Сейчас в мире идёт тихая, но яростная война. Она идёт в сфере компьютерной и радиоэлектронной техники. Это и хакерские атаки, и радиоэлектронные помехи, целью которых является дезориентация средств ориентации и наведения противника, прерывание общения самолёта или корабля с командным пунктом. Подобным же образом действует и дьявол, пытаясь сбить нас с толку и с истинного пути, чтобы мы не общались с Богом. Когда мы хотим общаться с Богом, возникают всякие посторонние и суетливые мысли. Это помехи. Когда мы пытаемся вникать в Слово Божье, сатана может направить наши мысли в неверном направлении. Это хакерская атака, могущая привести к заблуждению, то есть, уходу с пути истины, или к лжеучению. "Нет, не умрёте". Вера же способна отразить все хакерские атаки и преодолеть все помехи.

Раз наш дух ожил, то мы должны теперь поступать по духу, а дух наш должен принести добрый плод. ***13 К свободе призваны вы, братия, только бы свобода ваша не была поводом к [угождению] плоти, но любовью служите друг другу. 14 Ибо весь закон в одном слове заключается: люби ближнего твоего, как самого себя. 15 Если же друг друга угрызаете и съедаете, берегитесь, чтобы вы не были истреблены друг другом. 16 Я говорю: поступайте по духу, и вы не будете исполнять вожделений плоти, 17 ибо плоть желает противного духу, а дух - противного плоти: они друг другу противятся, так что вы не то делаете, что хотели бы. 18 Если же вы духом водитесь, то вы не под законом. 19 Дела плоти известны; они суть: прелюбодеяние, блуд, нечистота, непотребство, 20 идолослужение, волшебство, вражда, ссоры, зависть, гнев, распри, разногласия, (соблазны), ереси, 21 ненависть, убийства, пьянство, бесчинство и тому подобное. Предваряю вас, как и прежде предварял, что поступающие так Царствия Божия не наследуют. 22 Плод же духа: любовь, радость, мир, долготерпение, благость, милосердие, вера, 23 кротость, воздержание. На таковых нет закона. 24 Но те, которые Христовы, распяли плоть со страстями и похотями. 25 Если мы живем духом, то по духу и поступать должны. 26 Не будем***

тщеславиться, друг друга раздражать, друг другу завидовать. (Гал.5:13-26)

Наша способность к труду для Господа также должна основываться на вере. Верой мы принимаем духовные дары, по вере трудимся на том месте, где Иисус нас поставил, верой приносим плод в нашем труде. По вере Господь творит чудеса и исцеления. Иисус не раз упрекал учеников в неверии и во время бури, и когда не могли изгнать беса из мальчика. Ученики удивились, что смоковница тотчас засохла. ***21 Иисус же сказал им в ответ: истинно говорю вам, если будете иметь веру и не усомнитесь, не только сделаете то, что [сделано] со смоковницею, но если и горе сей скажете: поднимись и ввергнись в море, - будет; 22 и все, чего ни попросите в молитве с верою, получите. (Матф.21:21,22***) А чего нужно просить?

В двухтысячелетней истории христианства я не нашёл свидетельства о свержении гор в море или их перемещении. Джунгли и тайга также не засыхали по молитве верующих. Здесь говорится о духовных образах. Засохшая смоковница - это Израиль, не принявший Иисуса Христа. Но теперь эта смоковница оживает, что говорит о приближении второго пришествия Иисуса. Горы являются преградами на пути дела Божьего, которые нужно убрать. В этом смысле истинные верующие свергли в море немало гор, чтобы возвестить спасение во Христе всем народам. Как свергли? В молитве с верою. Так и нам нужно меньше просить о личных нуждах, а больше просить об успехе благовестия, о разрушении преград там, где ему противятся. Нужно поддерживать в молитве с верой трудящихся на ниве Божьей. Апостол Павел нуждался в молитвенной поддержке. ***18 Всякою молитвою и прошением молитесь во всякое время духом, и старайтесь о сем самом со всяким постоянством и молением о всех святых 19 и о мне, дабы мне дано было слово - устами моими открыто с дерзновением возвещать тайну благовествования, 20 для которого я исполняю посольство в узах, дабы я смело проповедывал, как мне должно. (Еф.6: 18-20)***

Молитва является мощнейшим оружием в нашей духовной битве. Битва же происходит не только внутри нас, но и вокруг нас. Это происходит одновременно. Но если мы учимся побеждать мир и дьявола внутри нас, то мы будем одерживать победы и вокруг нас.

Брань вокруг нас

Что это значит и каких сфер жизни это касается? Это касается всей, окружающей нас жизни. Мы живём в семье, мы общаемся со внешними: соседями, врачами, сотрудниками различных учреждений, продавцами из магазинов, просто с незнакомыми людьми. Мы стараемся благовествовать об Иисусе Христе, мы общаемся с членами нашей церкви и с членами других общин, особенно сейчас при наличии интернета. Сейчас в мире много различных деноминаций, конфессий и течений. Но стремимся ли мы к познанию истинного учения Иисуса Христа? Можем ли мы постоять за него? Ревнуем ли мы о Церкви, о деле Божьем? Страдаем ли мы за Христа? Во всех сферах нашей жизни Бог хочет управлять нами, наставлять на всякую истину, давать нам разумение для решения наших проблем, восполнять наши нужды. Сатана же будет вредить нам во всех сферах нашей жизни, расстилать сети, строить ковы, разрушать созидаемое, вырывать посаженное. Поэтому и здесь нам предстоит нелёгкая битва. Основное направление действий дьявола - внести беспорядок и хаос в нашу жизнь. Наша победа состоит в устроении и упорядочивании всех сфер нашей жизни. ***27 Соверши дела твои вне дома, окончи их на поле твоем, и потом устрояй и дом твой. (Прит.24:27)*** В этой последовательности есть своя логика. Тот, кто трудится на ниве Божьей, должен иметь доброе свидетельство от внешних и хорошо управлять домом своим. Эта последовательность соответствует наставлениям Апостола Павла Тимофею об избрании пресвитеров (епископов) и дьяконов. Я же хочу поговорить сначала о доме и семье, затем об отношениях с внешними, потом о Церкви, учении, благовестии, страданиях за имя Христово. Конечно же мы не забудем и о всеоружии Божьем, которое дано нам для успешного ведения нашей брани. Не забудем и о том, что Бог всегда будет на нашей стороне, если мы любим Его, уповаем на Него, стремимся исполнять Его волю. Иисус уже победил, поэтому может и нам даровать победу. Если Бог за нас, кто устоит против нас?

Дом и семья

Я предлагаю вам, дорогие читатели, рассмотреть эту тему с нескольких сторон. Мы можем жить ещё в доме родителей или других родственников. Но вот мы уверовали в Иисуса Христа и хотим поделиться своей радостью с родными. И тут могут начаться разные неожиданности. Отношение близких к нам становится напряжённым, а нередко и откровенно враждебным. В некоторых странах избивают, выгоняют из дома, а иногда даже убивают своих сыновей и дочерей, братьев и сестёр. Так сбываются слова Иисуса: ***34 Не думайте, что Я пришел принести мир на землю; не мир пришел Я принести, но меч, 35 ибо Я пришел разделить человека с отцом его, и дочь с матерью ее, и невестку со свекровью ее. 36 И враги человеку - домашние его. (Матф.10:34-36)*** Так дьявол ожесточает сердца близких нам людей и через них ведёт с нами войну. Война эта очень болезненная для нас. Ведь мы же их любим и желаем им добра, а они противятся нашим словам, не желают спасения и враждуют с нами. Что же нам делать?

Нам нужно прежде всего вооружиться верой, терпением, надеждой и любовью. ***1 Итак, оправдавшись верою, мы имеем мир с Богом через Господа нашего Иисуса Христа, 2 через Которого верою и получили мы доступ к той благодати, в которой стоим и хвалимся надеждою славы Божией. 3 И не сим только, но хвалимся и скорбями, зная, что от скорби происходит терпение, 4 от терпения опытность, от опытности надежда, 5 а надежда не постыжает, потому что любовь Божия излилась в сердца наши Духом Святым, данным нам. 6 Ибо Христос, когда еще мы были немощны, в определенное время умер за нечестивых. 7 Ибо едва ли кто умрет за праведника; разве за благодетеля, может быть, кто и решится умереть. 8 Но Бог Свою любовь к нам доказывает тем, что Христос умер за нас, когда мы были еще грешниками. 9 Посему тем более ныне, будучи оправданы Кровию Его, спасемся Им от гнева. 10 Ибо если, будучи врагами, мы примирились с Богом смертью Сына Его, то тем более, примирившись, спасемся жизнью Его. 11 И не довольно сего, но и хвалимся Богом чрез Господа нашего Иисуса Христа, посредством Которого мы получили ныне примирение. (Рим.5:1-11)*** Если мы, будучи грешниками, примирились с Богом, то и у близких наших есть такая возможность. Они ничем не хуже нас. Бог терпеливо ожидал момента нашего обращения. Теперь и мы должны терпеливо ждать вместе с Ним, когда наши непокорные родственники обратятся. Иисус не равнодушен к нам. Он сострадает нам в немощах наших и скорбит, когда мы противимся Ему. ***1 И пришел опять в синагогу; там был человек, имевший иссохшую руку. 2 И наблю-***

дали за Ним, не исцелит ли его в субботу, чтобы обвинить Его. 3 Он же говорит человеку, имевшему иссохшую руку: стань на средину. 4 А им говорит: должно ли в субботу добро делать, или зло делать? душу спасти, или погубить? Но они молчали. 5 И, воззрев на них с гневом, скорбя об ожесточении сердец их, говорит тому человеку: протяни руку твою. Он протянул, и стала рука его здорова, как другая. 6 Фарисеи, выйдя, немедленно составили с иродианами совещание против Него, как бы погубить Его. (Мар.3:1-6) Так и мы должны скорбеть не о том, что нас обижают, а об ожесточении сердец наших близких. Ведь они даже и не знают, что являются сейчас игрушкой в руках сатаны.

В Священном Писании не один раз написано: "спасёшься ты и весь дом твой". Так что нам нужно ожидать с надеждой. Мы познали любовь Божью к нам. Но Бог любит наших близких также как и нас. Поскольку любовь Божья излилась в наши сердца, мы будем любить их любовью Христовой. Это даст нам силу почитать отца и мать, уважать братьев и сестёр, не пререкаться с ними, не укорять их, но молиться о них и делать им всякое добро. Только так мы можем победить и приобрести наших родственников для Христа. У любви же человеческой нет сил для преодоления таких испытаний.

Теперь поговорим о создании семьи. Сейчас в мире всё направлено на разрушение семьи, так что в этом вопросе нам нельзя идти на поводу у мира, но искать решения этой проблемы у Бога. ***3 И приступили к Нему фарисеи и, искушая Его, говорили Ему: по всякой ли причине позволительно человеку разводиться с женою своею? 4 Он сказал им в ответ: не читали ли вы, что Сотворивший вначале мужчину и женщину сотворил их? 5 И сказал: посему оставит человек отца и мать и прилепится к жене своей, и будут два одною плотью, 6 так что они уже не двое, но одна плоть. Итак, что Бог сочетал, того человек да не разлучает. 7 Они говорят Ему: как же Моисей заповедал давать разводное письмо и разводиться с нею? 8 Он говорит им: Моисей по жестокосердию вашему позволил вам разводиться с женами вашими, а сначала не было так; 9 но Я говорю вам: кто разведется с женою своею не за прелюбодеяние и женится на другой, [тот] прелюбодействует; и женившийся на разведенной прелюбодействует. 10 Говорят Ему ученики Его: если такова обязанность человека к жене, то лучше не жениться. 11 Он же сказал***

им: не все вмещают слово сие, но кому дано, 12 ибо есть скопцы, которые из чрева матернего родились так; и есть скопцы, которые оскоплены от людей; и есть скопцы, которые сделали сами себя скопцами для Царства Небесного. Кто может вместить, да вместит. (Матф.19:3-12) На что хочется обратить внимание. Иисус говорит к тем, которые считают себя верующими в Бога. Если мы считаем себя верующими, то дело создания нашей семьи находится в руках Божьих. Бог не только сочетает, то есть, утверждает наш брак, но и подбирает нам спутника жизни. Потому нам нужно быть особенно внимательными к действиям Бога в этом вопросе. Часто любовь человеческая выходит на первое место и люди ошибаются, а потом страдают друг от друга, потому что не Бог их сочетал, хотя сочетание могло быть и в церкви. Одним из признаком такой любви является преждевременное нарушение целомудрия, а также нежелание прислушаться к советам служителя или других верующих. Но за всем этим прячется сатана. Сочетаемые же Богом любят друг друга любовью Христовой, и это на всю жизнь. Поэтому проблемы развода для них просто не существует и повеление Иисуса не разводится для них не тяжко. Также и Апостол Павел подтверждает это повеление. ***10 А вступившим в брак не я повелеваю, а Господь: жене не разводиться с мужем, - 11 если же разведется, то должна оставаться безбрачною, или примириться с мужем своим, - и мужу не оставлять жены [своей]. (1Кор.7:10,11)*** В этой же главе говорится и о правильных интимных отношениях между мужем и женой.

Если кто-то не вступает в брак, то это должно быть связано с особыми обстоятельствами или особым служением для Господа. Запрет вступать в брак или самовольное решение не вступать в брак является ересью. ***1 Дух же ясно говорит, что в последние времена отступят некоторые от веры, внимая духам обольстителям и учениям бесовским, 2 через лицемерие лжесловесников, сожженных в совести своей, 3 запрещающих вступать в брак [и] употреблять в пищу то, что Бог сотворил, дабы верные и познавшие истину вкушали с благодарением. (1Тим.4:1-3)***

Если муж и жена были неверующими, а потом, по милости Божьей, оба уверовали, то их не нужно вновь сочетать в церкви, но хорошо, чтобы они освятили свой брак перед церковью. А если кто-то из них неверующий? ***12 Прочим же я говорю, а не Господь: если какой брат имеет жену неверующую, и она согласна жить с***

ним, то он не должен оставлять ее; 13 и жена, которая имеет мужа неверующего, и он согласен жить с нею, не должна оставлять его. 14 Ибо неверующий муж освящается женою верующею, и жена неверующая освящается мужем верующим. Иначе дети ваши были бы нечисты, а теперь святы. 15 Если же неверующий [хочет] развестись, пусть разводится; брат или сестра в таких [случаях] не связаны; к миру призвал нас Господь. 16 Почему ты знаешь, жена, не спасешь ли мужа? Или ты, муж, почему знаешь, не спасешь ли жены? 17 Только каждый поступай так, как Бог ему определил, и каждый, как Господь призвал. Так я повелеваю по всем церквам. (1Кор.7:12-17)

Верующие брат или сестра не должны сближаться с неверующими для знакомства. Бывает, что такие встречи заканчиваются бракосочетанием, но не в церкви, ибо подавляющее число заключивших брак с неверующим, уходит в мир. Не думайте, что вы духовно сильнее их. Это проявление гордости, а Бог гордым противится.

Верующие муж и жена должны устраивать свой дом. Лучше иметь своё отдельное жилище. Родители уже не должны руководить своими детьми, вмешиваться в их семейную жизнь, что-то им диктовать, указывать. но если молодые просят совета у родителей в решении каких-то проблем, то это хорошо и нормально. ***3 Хочу также, чтобы вы знали, что всякому мужу глава Христос, жене глава - муж, а Христу глава - Бог. (1Кор.11:3)*** Нарушение этого правила может привести к очень серьёзным последствиям. Поэтому нужно устроить правильные отношения с Богом в новой семье. Муж часто не понимает истинную роль главы семьи, а только повелевает женой. Истинная же роль главы семьи состоит в принятии на себя полной ответственности за всё, что происходит и будет происходить в семье. Ученики даже ужаснулись и подумали, стоит ли жениться. Если муж действительно чувствует в своей жизни главенство Христа, то он сможет понести эту ответственность и правильно строить отношения с женой. Попечение о жене, детях и других домашних также лежит на муже. ***8 Если же кто о своих и особенно о домашних не печется, тот отрекся от веры и хуже неверного. (1Тим.5:8)*** Жена же не должна желать властвовать и брать власть в семье в свои руки. Делая это, она вступает в прямую конфронтацию с Богом. Благословения в такой семье не будет.

Прежде всего нужно устроить семейное служение Господу. Это совместное чтение Слова Божья и совместные согласованные молитвы. Чтение Библии должно быть не формальным, но вдумчивым. Если что-то непонятно, нужно молиться об откровении и Господь пошлёт вам. Дьявол же будет стараться помешать этому служению через суету, несогласие в чём-то друг с другом, телесные недомогания и другие козни. Стойте твёрдо, не сдавайтесь. Изберите постоянное время для этого служения и держитесь его. Тогда и дети ваши будут приучаться к дисциплине. Готовьтесь к этому служению, старайтесь прийти к нему с миром в сердце. Возможна и взаимопомощь в церковных служениях. Мы с женой совершали совместное служение по изготовлению поздравительных открыток ко дню рождения, подбирали тексты и картинки для открыток. Но в связи с ухудшением зрения пришлось передать это служение другой семье. Когда дети будут подрастать, с ними нужно обязательно читать Библию и молиться, разучивать стихи и песни о Боге и об Иисусе Христе, интересоваться участием детей в детских служениях церкви. ***1 Дети, повинуйтесь своим родителям в Господе, ибо сего [требует] справедливость. 2 Почитай отца твоего и мать, это первая заповедь с обетованием: 3 да будет тебе благо, и будешь долголетен на земле. 4 И вы, отцы, не раздражайте детей ваших, но воспитывайте их в учении и наставлении Господнем. (Еф.6:1-4) 18 Жены, повинуйтесь мужьям своим, как прилично в Господе. 19 Мужья, любите своих жен и не будьте к ним суровы. 20 Дети, будьте послушны родителям вашим во всем, ибо это благоугодно Господу. 21 Отцы, не раздражайте детей ваших, дабы они не унывали. (Кол.3:18-21)***

В доме должен быть порядок и чистота. При личном благовестии хорошо бы пригласить человека в гости на чашку чая и обстоятельно с ним побеседовать о спасении. Но если в вашем доме непорядок - это явится соблазном для неверующего, а также и для ваших родственников. У Иисуса в доме был порядок и Он сразу пригласил к Себе учеников. ***35 На другой день опять стоял Иоанн и двое из учеников его. 36 И, увидев идущего Иисуса, сказал: вот Агнец Божий. 37 Услышав от него сии слова, оба ученика пошли за Иисусом. 38 Иисус же, обратившись и увидев их идущих, говорит им: что вам надобно? Они сказали Ему: Равви, - что значит: учитель, - где живешь? 39 Говорит им: пойдите и увидите. Они пошли и увидели, где Он живет; и пробыли у Него день***

тот. Было около десятого часа. (Иоан.1:35-39) Детей также нужно с малых лет приучать к порядку и послушанию. Старших нужно учить ухаживать за младшими. Хорошо, когда дети имеют и личные поручения. Это развивает в них чувство ответственности. Если этим серьёзно и терпеливо заниматься, тогда и при умножении детей в семье будет мир и порядок.

Отношения с внешними

17 никому не воздавайте злом за зло, но пекитесь о добром перед всеми человеками. 18 Если возможно с вашей стороны, будьте в мире со всеми людьми. (Рим.12:17,18) Мы не должны подавать повода к ссорам, распрям, судебным разбирательствам. Будут люди, которые не перестанут враждовать с вами, но это уже на их совести. ***5 Со внешними обходитесь благоразумно, пользуясь временем. 6 Слово ваше [да будет] всегда с благодатию, приправлено солью, дабы вы знали, как отвечать каждому. (Кол.4:5,6)*** 10 Ответы наши не должны быть обидными, оскорбительными, ехидными или насмешливыми. Нам нужно молиться Богу, чтобы учил нас, как разговаривать с неверующими. Если вы разговариваете на их языке, пользуясь их жаргоном и сленгами, обсуждаете с ними всякие сплетни, охотно говорите о развлечениях, то в ваших речах не будет благодати и вы не сможете свидетельствовать им о спасении, потому что сами ведёте себя, как неспасённые. Таким образом вы можете вести себя неблагоразумно перед внешними.

...Умоляем же вас, братия, более преуспевать 11 и усердно стараться о том, чтобы жить тихо, делать свое [дело] и работать своими собственными руками, как мы заповедывали вам; 12 чтобы вы поступали благоприлично перед внешними и ни в чем не нуждались. (1Фесс.4:10-12) Если из окна или двора вашего дома несутся вопли и крики, это неприлично перед внешними. Нужно стремиться к тому, чтобы дети ваши не засиживались дома по окончании учёбы или после прихода из армии, но устраивались на работу или поступали на учёбу. Были времена гонений, когда верующие в Иисуса Христа очень нуждались. В некоторых странах и сейчас есть такие гонения. Но там, где обстановка спокойная, верующие должны учиться соизмерять свои потребности со своими возможностями. Нельзя залазить в долги, брать ссуды, которые потом невозможно выплатить. Это позор для верующих.

Рысканье по заграницам тоже не всегда оправдано. Проверьте себя, не гоняетесь ли вы за лишним? Этим вы только засвидетельствуете неверующим, что вы такие же, как и они.

15 Господа Бога святите в сердцах ваших; [будьте] всегда готовы всякому, требующему у вас отчета в вашем уповании, дать ответ с кротостью и благоговением. 16 Имейте добрую совесть, дабы тем, за что злословят вас, как злодеев, были постыжены порицающие ваше доброе житие во Христе. (1Пет.3: 15,16) Что значит святить Бога в сердце? Это значит, что я живу Им и для Него. Иисус воскрес и я воскрес для новой жизни. Воля Бога - моя воля, планы Бога - мои планы, дела Бога - мои дела, чувства Бога - мои чувства. Чтобы быть всегда готовыми дать отчёт о своём уповании, нужно к этому серьёзно готовиться. Часто люди нападаю на Бога, хулят Его. Готовы ли вы авторитетно засвидетельствовать о Боге и об Иисусе Христе? Хватит ли у вас силы на то, чтобы не перейти нав крик или резкие тона. Я, к сожалению, не раз на этом падал. Отчёт нужно давать всякому, не взирая на лица. Может быть это послужит поводом ко спасению вора, наркомана или пьяницы, а, может быть, большого начальника. Если до уверования вы сделали кому-то зло, кого-то обидели, у кого-то что-то украли, то теперь приведите всё в порядок, попросите прощения, отдайте похищенное, иначе совесть ваша не очистится и не будет доброй.

Будьте внимательны в магазинах. Лучше уступить очередь, не вступать в пререкания с продавцами. Клиент всегда прав - это не для нас. Прежде чем пойти к врачу, нужно помолиться Богу о причине болезни. Не является ли она наказанием от Бога? Тогда нужно выяснить, за что Бог наказал и покаяться. Иногда нужно нести какие-то болезни для смирения. ***7 И чтобы я не превозносился чрезвычайностью откровений, дано мне жало в плоть, ангел сатаны, удручать меня, чтобы я не превозносился. 8 Трижды молил я Господа о том, чтобы удалил его от меня. 9 Но [Господь] сказал мне: "довольно для тебя благодати Моей, ибо сила Моя совершается в немощи". И потому я гораздо охотнее буду хвалиться своими немощами, чтобы обитала во мне сила Христова. (2Кор.12:7-9)*** Но Бог и через врача может оказать помощь. Только не обращайтесь к лекарям и знахарям нетрадиционной медицины, потому что там действуют духи злобы поднебесной, с которыми у нас война. А если мы обращаемся к таким людям и к таким методам лечения, то сами добровольно сдаёмся.

Также в различных учреждениях и конторах нам нужно вести себя прилично и вежливо. Прежде всего нужно помолиться Богу, чтобы он расположил сердца служащих помочь нам в решении той или иной проблемы. Проверьте также чистоту ваших намерений в том деле, с которым вы обращаетесь, справедливость ваших требований. Сатана может толкать вас на то, чтобы "выбить" то, что вам не положено, или что-то скрыть от властей. Отдел социального обеспечения несколько лет недоплачивал мне некоторую сумму. Но потом они без моего вмешательства и просьб сами это выяснили и вернули мне долг, а также увеличили соответствующие выплаты. А мы просто помолились Богу, что чувствуем недостаток в деньгах.

1 Всякая душа да будет покорна высшим властям, ибо нет власти не от Бога; существующие же власти от Бога установлены. 2 Посему противящийся власти противится Божию установлению. А противящиеся сами навлекут на себя осуждение. 3 Ибо начальствующие страшны не для добрых дел, но для злых. Хочешь ли не бояться власти? Делай добро, и получишь похвалу от нее, 4 ибо [начальник] есть Божий слуга, тебе на добро. Если же делаешь зло, бойся, ибо он не напрасно носит меч: он Божий слуга, отмститель в наказание делающему злое. 5 И потому надобно повиноваться не только из [страха] наказания, но и по совести. 6 Для сего вы и подати платите, ибо они Божии служители, сим самым постоянно занятые. 7 Итак отдавайте всякому должное: кому подать, подать; кому оброк, оброк; кому страх, страх; кому честь, честь. (Рим.13:1-7) Мы не должны выступать против власти, участвовать в митингах и демонстрациях недовольных, а исправно платить налоги, не злословить начальствующих. Но если власть вмешивается в дела Церкви, мы не должны ей покоряться и допускать её в Церковь. Если власти хотят указывать нам, кого принимать в члены церкви, кого крестить, кого отлучать, кого ставить на проповедь, не допускают детям посещать церковь, запрещают благовестие и миссионерскую деятельность, то таким действия властей покоряться не должно.

До уверования у меня было много друзей, но после не осталось ни одного. Они сами от меня отвернулись, узнав, что я верую в Иисуса Христа. Но я приобрёл больше братьев и сестёр во Христе, которые для меня дороже прежних друзей. Если вы продолжаете дружить с кем-то из неверующих, а он или она не обращаются к Господу, то не вы на них влияете, а они на вас. Будьте осторожны!

Вы можете потерять Христа! Опасна дружба и с теми, кто как-то верит, но не хочет знать истину. Это скрытые, а то и явные идолопоклонники. ***14 Не преклоняйтесь под чужое ярмо с неверными, ибо какое общение праведности с беззаконием? Что общего у света с тьмою? 15 Какое согласие между Христом и Велиаром? Или какое соучастие верного с неверным? 16 Какая совместность храма Божия с идолами? Ибо вы храм Бога живого, как сказал Бог: вселюсь в них и буду ходить [в них]; и буду их Богом, и они будут Моим народом. 17 И потому выйдите из среды их и отделитесь, говорит Господь, и не прикасайтесь к нечистому; и Я приму вас. 18 И буду вам Отцем, и вы будете Моими сынами и дщерями, говорит Господь Вседержитель. (2Кор.6:14-18)***

Битва за учение

Мы, уверовавшие в Иисуса Христа, не можем жить сами по себе, но нас нужно учить и наставлять на путь, по которому нам нужно идти. Об этом пути я подробно говорю в книге Путь новой жизни. Для того, чтобы учить, нужно учение и ученики. Иисус назвал нас учениками и преподал нам учение, как Сам, так и через святых Апостолов, которое вошло в канон Нового Завета. Первая Церковь знала это учение и держалась его. Апостолы же противостояли всяким лжеучениям и ересям, которые сатана пытался внедрить в Церковь. ***6 Удивляюсь, что вы от призвавшего вас благодатью Христовою так скоро переходите к иному благовествованию, 7 которое [впрочем] не иное, а только есть люди, смущающие вас и желающие превратить благовествование Христово. 8 Но если бы даже мы или Ангел с неба стал благовествовать вам не то, что мы благовествовали вам, да будет анафема. 9 Как прежде мы сказали, [так] и теперь еще говорю: кто благовествует вам не то, что вы приняли, да будет анафема. (Гал.1:6-9)***

7 Ибо многие обольстители вошли в мир, не исповедующие Иисуса Христа, пришедшего во плоти: такой [человек] есть обольститель и антихрист. 8 Наблюдайте за собою, чтобы нам не потерять того, над чем мы трудились, но чтобы получить полную награду. 9 Всякий, преступающий учение Христово и не пребывающий в нем, не имеет Бога; пребывающий в учении Христовом имеет и Отца и Сына. 10 Кто приходит к вам и не приносит сего учения, того не принимайте в дом и не

приветствуйте его.11 Ибо приветствующий его участвует в злых делах его. (2Иоан.1:7-11)

12 Никто да не пренебрегает юностью твоею; но будь образцом для верных в слове, в житии, в любви, в духе, в вере, в чистоте. 13 Доколе не приду, занимайся чтением, наставлением, учением. 14 Не неради о пребывающем в тебе даровании, которое дано тебе по пророчеству с возложением рук священства. 15 О сем заботься, в сем пребывай, дабы успех твой для всех был очевиден. 16 Вникай в себя и в учение; занимайся сим постоянно: ибо, так поступая, и себя спасешь и слушающих тебя. (1Тим.4:12-16)

Что такое учение? Это некая область знаний, умений и навыков, которой нужно кого-то научить. Эти знания не должны быть отвлечёнными, но давать практическую пользу. Важно знать, от кого исходит учение. В учении должен быть ясно обозначен предмет изучения - что мы изучаем. Учение основывается на определённой базе знаний и опыта. В восприятии учения очень важен авторитет учителя, его познания и умение передать их ученикам. Очень важно добровольное согласие учеников воспринимать учение, прилагать усилия к его постижению и затем применять его на практике. Невозможно научить того, кто не хочет учиться. Учение имеет свою область действия и свои границы. Учение об аэродинамике имеет свою область применения, а учение о разведении кроликов - свою. Всякое учение преподаётся от общего к частному и от частного к общему. Поэтому учение имеет свои разделы и подразделы. Учение нужно знать как в общем, так и в деталях. У многих учений есть противники, опровергающие данное учение или противопоставляющие ему своё учение. Давайте, опираясь на эти признаки, рассмотрим учение Иисуса Христа и Апостолов.

Учения человеческие возникают на основе каких-то научных или философских изысканий, опыта и практики. Но у Бога есть обыкновение предвозвещать то, чего ещё не было, а также и то, что будет в дальнейшем. Моисей передал Израилю закон, но в конце он говорит об учении. ***1 Внимай, небо, я буду говорить; и слушай, земля, слова уст моих. 2 Польется как дождь учение мое, как роса речь моя, как мелкий дождь на зелень, как ливень на траву. (Втор.32:1,2***) Моисей уже не может преподать учение, так как дни его сочтены. Я думаю, что Моисей, как человек, не решился бы сам сказать такие слова. Для человека это слишком дерзко, чтобы ему внимали небо и земля. Под небом ведь имеется ввиду не наша атмосфера, а то место, где обитают ангелы Божьи. Значит Моисей передаёт пророчество о будущем учении Иисуса Христа. Если оно предречено заранее, значит это учение от Бога, что подтверждает и Сам Иисус. ***16 Иисус, отвечая им, сказал: Мое учение - не Мое, но Пославшего Меня; 17 кто хочет творить волю Его, тот узнает о сем учении, от Бога ли оно, или Я Сам от Себя говорю. 18 Говорящий сам от себя ищет славы себе; а Кто ищет славы Пославшему Его, Тот истинен, и нет неправды в Нем. (Иоан.7:16-18)*** Итак, мы выяснили, от Кого исходит это учение.

Моисей в этой песне применяет образы росы, дождя и ливня. В Писании это является образом благости и благословения Божьего. ***6 Блажен человек, которого сила в Тебе и у которого в сердце стези направлены [к Тебе]. 7 Проходя долиною плача, они открывают в ней источники, и дождь покрывает ее благословением; 8 приходят от силы в силу, являются пред Богом на Сионе. (Пс.83:6-8)*** Вода является также образом жизни. Вот что сказал Иисус Самарянке. ***13 Иисус сказал ей в ответ: всякий, пьющий воду сию, возжаждет опять, 14 а кто будет пить воду, которую Я дам ему, тот не будет жаждать вовек; но вода, которую Я дам ему, сделается в нем источником воды, текущей в жизнь вечную. (Иоан.4:13,14)*** Итак, мы видим, что это учение о доброте Бога, о благодати и жизни вечной. Но для кого всё это?

5 Ибо не Ангелам Бог покорил будущую вселенную, о которой говорим; 6 напротив некто негде засвидетельствовал, говоря: что значит человек, что Ты помнишь его? или сын человеческий, что Ты посещаешь его? 7 Не много Ты унизил его пред Ангелами; славою и честью увенчал его, и поставил его над делами рук Твоих, 8 все покорил под ноги его. Когда же покорил ему все, то не оставил ничего непокоренным ему. Но человек поражён грехом. Как же можно всё покорить ему? ***Ныне же еще не видим, чтобы все было ему покорено; 9 но видим, что за претерпение смерти увенчан славою и честью Иисус, Который не много был унижен пред Ангелами, дабы Ему, по благодати Божией, вкусить смерть за всех. 10 Ибо надлежало, чтобы Тот, для Которого все и от Которого все, приводящего многих сынов в славу, вождя спасения их совершил через страдания. (Евр.2:5-10)*** В чём же смысл спасения?

6 Ибо Христос, когда еще мы были немощны, в определенное время умер за нечестивых. 7 Ибо едва ли кто умрет за праведника; разве за благодетеля, может быть, кто и решится умереть. 8 Но Бог Свою любовь к нам доказывает тем, что Христос умер за нас, когда мы были еще грешниками. 9 Посему тем более ныне, будучи оправданы Кровию Его, спасемся Им от гнева. 10 Ибо если, будучи врагами, мы примирились с Богом смертью Сына Его, то тем более, примирившись, спасемся жизнью Его. 11 И не довольно сего, но и хвалимся Богом чрез Господа нашего Иисуса Христа, посредством Которого мы получили ныне примирение. (Рим.5:6-11) Итак, учение Иисуса Христа является учением о примирении людей с Богом. Учение открывает нам, кто есть Бог, кто есть мы, каким образом мы получаем примирение с Богом, что даёт нам это примирение. Учение на этом не останавливается, но говорит, что нам делать дальше, примирившись с Богом, какая цель у Бога относительно нас, какая наша цель. Я не могу в этой книге излагать учение, потому что это обширная тема для отдельной книги. Скажу только, что в Евангелиях заложены основы учения Иисуса Христа, в Посланиях Апостолов раскрывается суть и глубина учения, освещаются его разделы. В книге Деяния показывается практическое применение учения, а Ветхий завет служит образами и иллюстрациями, как должно поступать и что есть грех. Притчи Соломона также открываются ключом Нового Завета. Всё же Писание являет нам святость, величие и могущество Бога, Его любовь, милость и долготерпение к нам. Но мы вернёмся к нашей брани и поговорим об опасностях для тех, кто не вникает в учение, и для тех, кто пытается вникнуть в учение, но у него ни чего не получается, и о тех, у которых дьявол похитил истинное учение и направил их на путь лжеучения. Я буду перечислять некоторые разделы учения Иисуса Христа и Апостолов, а вы исследуйте себя, находитесь ли вы в здравом учении?

1 Посему, оставив начатки учения Христова, поспешим к совершенству; и не станем снова полагать основание обращению от мертвых дел и вере в Бога, 2 учению о крещениях, о возложении рук, о воскресении мертвых и о суде вечном. 3 И это сделаем, если Бог позволит. (Евр.6:1-3) Апостол Павел говорит к верующим, которые, судя по времени, должны быть совершенными. Мы же поговорим и о начатках учения Христова.

Читая Новый Завет, что вы узнали о Боге? Может быть вы многое о Нём узнали, но применили ли вы это к себе? Отвлечённое знание о Боге сатану не беспокоит. Многие невозрождённые люди являются теологами, богословами и пасторами. И возрождённых людей дьявол хочет увлечь такими знаниями и мудрствованиями. Но личное общение с Богом они потеряют. Является ли Бог для вас абсолютным авторитетом? Ведь с этого сатана и начал разговор с женой: "Подлинно ли сказал Бог?" И теперь у очень многих христиан Бог не является абсолютным авторитетом. Отсюда и толерантность, и либеральное богословие и экумения. Вы знаете о том, что лишь бы какая-нибудь вера Бога не удовлетворяет? Бог хочет, чтобы мы верили тому, что Он Сам открывает о Себе. А если мы верим, как нам вздумается, что происходит? Во-первых, мы непослушны Богу, во-вторых, придумываем себе некоего "удобного" бога по нашему вкусу, в-третьих, поклоняясь этому богу, становимся идолопоклонниками. Не важно при этом, как мы его называем. Мы всё равно кланяемся идолу собственного воображения или вображения других людей. Никакого обращения от мёртвых дел к вере в Бога у нас быть не может, и мы вообще не знаем, что это такое. А если кто не верит, что Иисус Христос есть Сын Божий? Сатана даже Иисусу говорил: "Если Ты Сын Божий, то..." ***22 Кто лжец, если не тот, кто отвергает, что Иисус есть Христос? Это антихрист, отвергающий Отца и Сына. 23 Всякий, отвергающий Сына, не имеет и Отца; а исповедующий Сына имеет и Отца. (1Иоан.2:22,23) 7 Ибо многие обольстители вошли в мир, не исповедующие Иисуса Христа, пришедшего во плоти: такой [человек] есть обольститель и антихрист. 8 Наблюдайте за собою, чтобы нам не потерять того, над чем мы трудились, но чтобы получить полную награду. 9 Всякий, преступающий учение Христово и не пребывающий в нем, не имеет Бога; пребывающий в учении Христовом имеет и Отца и Сына. (2Иоан.1:7-9)*** Постигли ли вы учение о вере?

Теперь поговорим о крещениях. Что значит крещение для вас лично? Исполнение обряда? Так, на всякий случай? Крестили в детстве? Я приведу несколько мест из Библии о крещении. ***21 Так и нас ныне подобное сему образу крещение, не плотской нечистоты омытие, но обещание Богу доброй совести, спасает воскресением Иисуса Христа, 22 Который, восшед на небо, пребывает одесную Бога и Которому покорились Ангелы и Власти и Силы.***

(1Пет.3:21,22) Вы обещали Богу добрую совесть? А младенец может ли обещать? Если родители вместо него обещают, то знал я одного. Пьяницей он был, пьяницей и остался. Бедный младенец! Но это ещё не всё! ***1 Что же скажем? оставаться ли нам в грехе, чтобы умножилась благодать? Никак. 2 Мы умерли для греха: как же нам жить в нем? 3 Неужели не знаете, что все мы, крестившиеся во Христа Иисуса, в смерть Его крестились? 4 Итак мы погреблись с Ним крещением в смерть, дабы, как Христос воскрес из мертвых славою Отца, так и нам ходить в обновленной жизни. 5 Ибо если мы соединены с Ним подобием смерти Его, то должны быть [соединены] и [подобием] воскресения, 6 зная то, что ветхий наш человек распят с Ним, чтобы упразднено было тело греховное, дабы нам не быть уже рабами греху; 7 ибо умерший освободился от греха. (Рим.6:1-7)*** А кто это мы? Это взрослые, сознательные люди. Если для вас эти стихи из Писания кажутся дикостью, то это не вы. От крещения вам не будет ни какой пользы, вы не спасены, не заключили завет с Господом Иисусом Христом и Духа Святого не имеете. Прежде, чем совершить крещение, побывали ли вы у креста Христова, пережили ли суд своим грехам? ***18 Ибо слово о кресте для погибающих юродство есть, а для нас, спасаемых, - сила Божия. (1Кор.1:18)***

Учение о возложении рук относится к членам церкви, вступившим в завет с Иисусом Христом. Учение о воскресении мёртвых и о суде вечном также является неотъемлемой частью Евангельской вести, но многие христиане живут так, как будто этого учения не существует. К пришествию Иисуса Христа они не готовятся, а суды Божьи игнорируют. ***7 Не обманывайтесь: Бог поругаем не бывает. Что посеет человек, то и пожнет: 8 сеющий в плоть свою от плоти пожнет тление, а сеющий в дух от духа пожнет жизнь вечную. (Гал.6:7,8)*** Если вы не постигли начатков учения Христова, то учение об очищении и освящении вы не воспримете. Это для вас твёрдая пища, а битву за учение вы проиграли.

Но, если мы не идём путём очищения и освящения, то мы живём по плоти. А если живём по плоти, то в Царство Божье не войдём, потому что умрём духовно. А умерший духовно становится таким же, как и все грешники, а то и ещё хуже, и идёт на суд вечный. ***7 Горе миру от соблазнов, ибо надобно придти соблазнам; но горе тому человеку, через которого соблазн приходит. 8 Если***

же рука твоя или нога твоя соблазняет тебя, отсеки их и брось от себя: лучше тебе войти в жизнь без руки или без ноги, нежели с двумя руками и с двумя ногами быть ввержену в огонь вечный; 9 и если глаз твой соблазняет тебя, вырви его и брось от себя: лучше тебе с одним глазом войти в жизнь, нежели с двумя глазами быть ввержену в геенну огненную. (Матф.18:7-9) Кому говорит Иисус эти слова? Своим ученикам, то есть, верующим и избранным. Есть места в Писании, которые ясно говорят, что имевшие Духа Святого, лишались Его, как Саул, а возрождённые теряли спасение. Как по вашему; Анания и Сапфира были возрождёнными людьми? Апостол Пётр также утверждает: ***20 Ибо если, избегнув скверн мира чрез познание Господа и Спасителя нашего Иисуса Христа, опять запутываются в них и побеждаются ими, то последнее бывает для таковых хуже первого. 21 Лучше бы им не познать пути правды, нежели, познав, возвратиться назад от преданной им святой заповеди. 22 Но с ними случается по верной пословице: пес возвращается на свою блевотину, и: вымытая свинья [идет] валяться в грязи. (2Пет.2:20-22)*** А кто эти люди? Они познали Иисуса и обратились от скверн мира. Они познали путь правды и суть заповедей Божьих. Это были спасённые и возрождённые души. Но дьявол вновь опутал их грехом и победил их.

Мы должны также познавать учение о благочестии , учение о Духе Святом, учение о Церкви, о браке и семье, о детях и их воспитании, о молитве, о личном служении для Господа. Короче: учение Иисуса Христа проникает во все сферы нашей жизни . И если наша жизнь не посвящена Богу, то сатана находит в ней место и мы начинаем терпеть поражение то в той, то в иной области нашей жизни. Но любящим и ищущим Бога даётся знание, разумение и ведение во всех областях и они способны возрастать в благодати и одерживать победу за победой.

Почему многие люди не в силах познавать учение Иисуса Христа, а другие впадают в лжеучение? ***1 Знай же, что в последние дни наступят времена тяжкие. 2 Ибо люди будут самолюбивы, сребролюбивы, горды, надменны, злоречивы, родителям непокорны, неблагодарны, нечестивы, недружелюбны, 3 непримирительны, клеветники, невоздержны, жестоки, не любящие добра, 4 предатели, наглы, напыщенны, более сластолюбивы, нежели боголюбивы, 5 имеющие вид благочестия, силы же его***

отрекшиеся. Таковых удаляйся. 6 К сим принадлежат те, которые вкрадываются в домы и обольщают женщин, утопающих во грехах, водимых различными похотями, 7 всегда учащихся и никогда не могущих дойти до познания истины. 8 Как Ианний и Иамврий противились Моисею, так и сии противятся истине, люди, развращенные умом, невежды в вере. (2Тим.3:1-8) Здесь мы видим три категории людей: развращённые умом, невежды в вере и утопающие во грехах и различных похотях. Это относится не только к женщинам. Эти люди не спасённые, не пережившие обращение от мёртвых дел к вере в Бога. Поэтому они легко воспринимают всякие ереси и заблуждения или сами их создают. Бывает, что люди действительно познавали Бога и учение Нового Завета, но от успеха и славы возгордились и впали в лжеучение. На чём сатана сам упал, тем и других валит.

Сатана также прельстил жену чем-то новым. ***4 И сказал змей жене: нет, не умрете, 5 но знает Бог, что в день, в который вы вкусите их, откроются глаза ваши, и вы будете, как боги, знающие добро и зло. (Быт.3:4,5)*** Это он старается делать и сейчас. Нового у него ничего нет, но он обольщает неразумных христиан настоящего времени тем же, чем пытался обольстить первых христиан. Поэтому нам нужно ограничить себя учением Иисуса Христа и Апостолов. ***10 Нисшедший, Он же есть и восшедший превыше всех небес, дабы наполнить все. 11 И Он поставил одних Апостолами, других пророками, иных Евангелистами, иных пастырями и учителями, 12 к совершению святых, на дело служения, для созидания Тела Христова, 13 доколе все придем в единство веры и познания Сына Божия, в мужа совершенного, в меру полного возраста Христова; 14 дабы мы не были более младенцами, колеблющимися и увлекающимися всяким ветром учения, по лукавству человеков, по хитрому искусству обольщения, 15 но истинною любовью все возращали в Того, Который есть глава Христос, (Еф.4:10-15)*** Последующие же учителя и пасторы не могут создать новое учение, да и не имеют на это права от Господа. Они призваны раскрывать суть учения Нового Завета. Поэтому Апостол Павел говорит строго: ***6 Удивляюсь, что вы от призвавшего вас благодатью Христовою так скоро переходите к иному благовествованию, 7 которое [впрочем] не иное, а только есть люди, смущающие вас и желающие превратить благовествование Христово. 8 Но если бы даже мы или Ангел с неба***

стал благовествовать вам не то, что мы благовествовали вам, да будет анафема. 9 Как прежде мы сказали, [так] и теперь еще говорю: кто благовествует вам не то, что вы приняли, да будет анафема. (Гал.1:6-9) Также и Апостол Иоанн повелевает решительно противостать всякому уклонению от учения Иисуса Христа. ***7 Ибо многие обольстители вошли в мир, не исповедующие Иисуса Христа, пришедшего во плоти: такой [человек] есть обольститель и антихрист. 8 Наблюдайте за собою, чтобы нам не потерять того, над чем мы трудились, но чтобы получить полную награду. 9 Всякий, преступающий учение Христово и не пребывающий в нем, не имеет Бога; пребывающий в учении Христовом имеет и Отца и Сына. 10 Кто приходит к вам и не приносит сего учения, того не принимайте в дом и не приветствуйте его. 11 Ибо приветствующий его участвует в злых делах его. (2Иоан.1:7-11)***

Сатана ведёт нападки на учение с трёх сторон. Бог повелевает: ***32 Все, что я заповедую вам, старайтесь исполнить; не прибавляй к тому и не убавляй от того. (Втор.12:32)*** Сатана же старается о том, чтобы верующие убавили что-то из Слова Божьего или прибавили к нему. Но и в первом, и во втором случае верующие терпят поражение. Если проповедуется, что Иисус не пришёл во плоти, что Он не Сын Божий, что нет воскресения мёртвых, что Бог попустительски относится ко греху, что суд Божий не столь строгий, что можно верить, как вздумается - это убавление от учения Иисуса Христа и Апостолов.

Если проповедуется обрезание, соблюдение закона, соблюдение обрядов и постановлений, о которых ничего не сказано в Писании, а также какое-то своё учение - это добавление к учению. К этому относится и самовольное смиренномудрие и изнурение плоти.

С третьей стороны сатана пытается извратить учение Иисуса Христа. Это самый опасный и коварный вид нападения. ***13 Впрочем мы, по обетованию Его, ожидаем нового неба и новой земли, на которых обитает правда. 14 Итак, возлюбленные, ожидая сего, потщитесь явиться пред Ним неоскверненными и непорочными в мире; 15 и долготерпение Господа нашего почитайте спасением, как и возлюбленный брат наш Павел, по данной ему премудрости, написал вам, 16 как он говорит об этом и во всех посланиях, в которых есть нечто неудобовразумительное, что***

невежды и неутвержденные, к собственной своей погибели, превращают, как и прочие Писания. (2Пет.3:13-16) Превращают и извращают имеет один и тот же смысл. Что является извращением учения? Иисус конечно прощает грехи, но можно купить прощение и у священника. Ходатайствует за нас не только Иисус, но и умершие святые. Поэтому им тоже нужно молиться. Что значит ублажать Марию, Мать Иисуса? Это значит говорить о ней доброе, но не поклоняться ей и не молиться. Писание ясно говорит, что у Иисуса были братья и сёстры. Какая же она дева? Хлеб и вино во время Вечери есть только символы и ни во что не превращаются. Причащаться же может только тот, кто заключил с Иисусом Новый Завет. Я привёл только некоторые и множества лжеучений, которыми дьявол обольстил неразумные души.

Чтобы сохранить себя в здравом учении, нам нужно держаться верой за Иисуса Христа, общаться с Ним, жить Им, пребывать в Нём, возвещать о Нём. ***8 Итак, не стыдись свидетельства Господа нашего Иисуса Христа, ни меня, узника Его; но страдай с благовестием Христовым силою Бога, 9 спасшего нас и призвавшего званием святым, не по делам нашим, но по Своему изволению и благодати, данной нам во Христе Иисусе прежде вековых времен, 10 открывшейся же ныне явлением Спасителя нашего Иисуса Христа, разрушившего смерть и явившего жизнь и нетление через благовестие, 11 для которого я поставлен проповедником и Апостолом и учителем язычников. 12 По сей причине я и страдаю так; но не стыжусь. Ибо я знаю, в Кого уверовал, и уверен, что Он силен сохранить залог мой на оный день. 13 Держись образца здравого учения, которое ты слышал от меня, с верою и любовью во Христе Иисусе. 14 Храни добрый залог Духом Святым, живущим в нас. (2Тим.1:8-14)***

Ревность о Церкви

13 Приближалась Пасха Иудейская, и Иисус пришел в Иерусалим 14 и нашел, что в храме продавали волов, овец и голубей, и сидели меновщики денег. 15 И, сделав бич из веревок, выгнал из храма всех, [также] и овец и волов; и деньги у меновщиков рассыпал, а столы их опрокинул. 16 И сказал продающим голубей: возьмите это отсюда и дома Отца Моего не делайте домом торговли. 17 При сем ученики Его вспомнили, что написано: ревность по доме Твоем снедает Меня. (Иоан.2:13-17) Что такое ревность? Когда она возникает? Каковы могут быть её последствия?

Ревность употребляется в Библии в двух смыслах. В одном случае это мучительное чувство недоверия и подозрительности, сопровождаемое обидой и гневом. Во втором случае это рвение, усердие. Ревность первая возникает при неверности в любви, дружбе, в каком-то совместном деле. Ревность вторая возникает от желания сделать что-то хорошо и старательно. Ревность присуща как Богу, так и нам, людям. Последствия ревности в разных случаях разные, что мы увидим из дальнейших рассуждений.

Бог от Своего лица говорит, что Он Бог ревнитель, а также объясняет и причину ревности и последствия. ***2 Я Господь, Бог твой, Который вывел тебя из земли Египетской, из дома рабства; 3 да не будет у тебя других богов пред лицем Моим. 4 Не делай себе кумира и никакого изображения того, что на небе вверху, и что на земле внизу, и что в воде ниже земли; 5 не поклоняйся им и не служи им, ибо Я Господь, Бог твой, Бог ревнитель, наказывающий детей за вину отцов до третьего и четвертого [рода], ненавидящих Меня, 6 и творящий милость до тысячи родов любящим Меня и соблюдающим заповеди Мои. (Исх.20:2-6)*** Также и пророк Наум показывает нам, что Бог не изменяется. ***2 Господь есть Бог ревнитель и мститель; мститель Господь и страшен в гневе: мстит Господь врагам Своим и не пощадит противников Своих. 3 Господь долготерпелив и велик могуществом, и не оставляет без наказания; в вихре и в буре шествие Господа, облако - пыль от ног Его. (Наум.1:2,3)*** Бог готов творить милость, потому что любит нас, но пренебрежение Его любовью вызывает в Нём ревность и гнев. Текст в начале главы показывает нам ревность Иисуса о чистоте храма. Мы же должны устраивать из себя дом духовный. ***4 Приступая к Нему, камню живому, человеками отверженному, но Богом избранному, драгоценному, 5 и сами, как живые камни, устрояйте из себя дом духовный, священство святое, чтобы приносить духовные жертвы, благоприятные Богу Иисусом Христом. (1Пет.2:4,5)*** А если мы нерадим о Церкви Христовой? ***4 Прелюбодеи и прелюбодейцы! не знаете ли, что дружба с миром есть вражда против Бога? Итак, кто хочет быть другом миру, тот становится врагом Богу. 5 Или вы думаете, что напрасно говорит Писание: "до ревности любит дух, живущий в нас"? 6 Но тем большую***

дает благодать; посему и сказано: Бог гордым противится, а смиренным дает благодать. (Иак.4:4-6)

Но ревность Бога проявляется и во втором смысле. ***6 Ибо младенец родился нам - Сын дан нам; владычество на раменах Его, и нарекут имя Ему: Чудный, Советник, Бог крепкий, Отец вечности, Князь мира. 7 Умножению владычества Его и мира нет предела на престоле Давида и в царстве его, чтобы Ему утвердить его и укрепить его судом и правдою отныне и до века. Ревность Господа Саваофа соделает это. (Ис.9:6,7)***

У людей ревность проявляется также в двух смыслах. ***29 Вот закон о ревновании, когда жена изменит мужу своему и осквернится, 30 или когда на мужа найдет дух ревности, и он будет ревновать жену свою, тогда пусть он поставит жену пред лицем Господа, и сделает с нею священник все по сему закону, - 31 и будет муж чист от греха, а жена понесет на себе грех свой. (Чис.5:29-31)*** Пророк Илия же ревнует о Боге. ***8 И встал он, поел и напился, и, подкрепившись тою пищею, шел сорок дней и сорок ночей до горы Божией Хорива. 9 И вошел он там в пещеру и ночевал в ней. И вот, было к нему слово Господне, и сказал ему [Господь]: что ты здесь, Илия? 10 Он сказал: возревновал я о Господе Боге Саваофе, ибо сыны Израилевы оставили завет Твой, разрушили Твои жертвенники и пророков Твоих убили мечом; остался я один, но и моей души ищут, чтобы отнять ее. (3Цар.19:8-10)***

В Коринфской церкви выявились разделения, грехи, уклонение от учения, что вызвало ревность у Апостола Павла. ***2 Ибо я ревную о вас ревностью Божиею; потому что я обручил вас единому мужу, чтобы представить Христу чистою девою. 3 Но боюсь, чтобы, как змий хитростью своею прельстил Еву, так и ваши умы не повредились, [уклонившись] от простоты во Христе. (2Кор.11:2,3)*** Иисус назвал нас друзьями, но если мы не хотим с Ним дружить и общаться, то Он ревнует. Церковь названа Невестой Агнца и принадлежит Ему одному. Если мы не вполне преданы Господу, это также возбуждает в Нём ревность.

Сатана хочет направить ревность на ложный путь. ***17 Ревнуют по вас нечисто, а хотят вас отлучить, чтобы вы ревновали по них. 18 Хорошо ревновать в добром всегда, а не в моем только присутствии у вас. (Гал.4:17,18)*** Как распознать ревность лжеучителей? Они защищают и распространяют свои учения агрессивно, с насилием, истреблением инакомыслящих, а также с помощью военных действий. Они клевещут на истинных верующих. У них нередко проявляется и религиозный фанатизм, а дьявол подогревает их ревность.

Павел же советует ревновать о добром. Но сатана хочет подавить эту ревность о деле Божьем, нагрузить нас заботами, увлечь нас богатством и обольщениями этого мира. Нам же нужно черпать силы у Бога и брать пример с верных. ***17 За ним чинили левиты: Рехум, сын Вания; подле него чинил Хашавия, начальник полуокруга Кеильского, за свой округ. 18 За ним чинили братья их: Баввай, сын Хенадада, начальник Кеильского полуокруга. 19 А подле него чинил Езер, сын Иисуса, начальник Мицфы, на втором участке, напротив всхода к оружейне на углу. 20 За ним ревностно чинил Варух, сын Забвая, на втором участке, от угла до дверей дома Елияшива, великого священника. (Неем.3:17-20)*** Я хочу обратить ваше внимание на то, кто чинил. Здесь упоминаются левиты и три начальника. Но они чинили, исполняя обязанность, а Варух чинил ревностно, со всем усердием, со всем старанием. Также и мы не должны думать, что о церкви пусть ревнуют служители и дьяконы, а нам это не нужно. Пришёл, послушал, посмотрел и ушёл.

Если мы не ревнуем о своей поместной церкви, то неизбежно придет охлаждение, умножение беззакония и лжеучение. Церковь перестанет пополняться людьми, а наши дети будут уходить в мир или станут такими членами общины, о которых можно сказать только: ни рыба, ни мясо. Но пришествие Господне приближается, а также и мы не вечны. ***1 Ибо знаем, что, когда земной наш дом, эта хижина, разрушится, мы имеем от Бога жилище на небесах, дом нерукотворенный, вечный. 2 От того мы и воздыхаем, желая облечься в небесное наше жилище; 3 только бы нам и одетым не оказаться нагими. 4 Ибо мы, находясь в этой хижине, воздыхаем под бременем, потому что не хотим совлечься, но облечься, чтобы смертное поглощено было жизнью. 5 На сие самое и создал нас Бог и дал нам залог Духа. 6 Итак мы всегда благодушествуем; и как знаем, что, водворяясь в теле, мы устранены от Господа, - 7 ибо мы ходим верою, а не видением, - 8 то мы благодушествуем и желаем лучше выйти из тела и водвориться у Господа. 9 И потому ревностно стараемся, водворяясь ли, выходя ли, быть Ему угодными; 10 ибо всем нам долж-***

но явиться пред судилище Христово, чтобы каждому получить [соответственно тому], что он делал, живя в теле, доброе или худое. (2Кор.5:1-10)

Мы должны возбуждать ревность о добром друг в друге. ***14 Не возбужу ли ревность в [сродниках] моих по плоти и не спасу ли некоторых из них? (Рим.11:14) 24 Будем внимательны друг ко другу, поощряя к любви и добрым делам. 25 Не будем оставлять собрания своего, как есть у некоторых обычай; но будем увещевать [друг друга], и тем более, чем более усматриваете приближение дня оного. (Евр.10:24,25)*** А если мы стали тёплыми и самодовольными лаодикийцами? Тогда нам нужно ждать отвержения или наказания. ***14 И Ангелу Лаодикийской церкви напиши: так говорит Аминь, свидетель верный и истинный, начало создания Божия: 15 знаю твои дела; ты ни холоден, ни горяч; о, если бы ты был холоден, или горяч! 16 Но, как ты тепл, а не горяч и не холоден, то извергну тебя из уст Моих. (Откр.3:14-16)*** Чтобы этого не случилось, нужно возревновать об Иисусе и о Церкви, но сперва нужно покаяться. ***19 Кого Я люблю, тех обличаю и наказываю. Итак будь ревностен и покайся. 20 Се, стою у двери и стучу: если кто услышит голос Мой и отворит дверь, войду к нему, и буду вечерять с ним, и он со Мною. (Откр.3:19,20)***

Благовестие

18 И приблизившись Иисус сказал им: дана Мне всякая власть на небе и на земле. 19 Итак идите, научите все народы, крестя их во имя Отца и Сына и Святого Духа, 20 уча их соблюдать все, что Я повелел вам; и се, Я с вами во все дни до скончания века. Аминь. (Матф.28:18-20) Иисус посылает нас к народам. Мы же должны исполнять это повеление Христа и не стыдиться возвещать о Нём. ***8 Итак, не стыдись свидетельства Господа нашего Иисуса Христа, ни меня, узника Его; но страдай с благовестием Христовым силою Бога, 9 спасшего нас и призвавшего званием святым, не по делам нашим, но по Своему изволению и благодати, данной нам во Христе Иисусе прежде вековых времен, 10 открывшейся же ныне явлением Спасителя нашего Иисуса Христа, разрушившего смерть и явившего жизнь и нетление через благовестие, 11 для которого я поставлен проповедником и Апостолом и учителем язычников. (2Тим.1:8-11)*** Если Иисус спас нас, то и мы должны желать спасения другим. Весть же о спасении передаётся через благовестие. ***3 Что слышали мы и узнали, и отцы наши рассказали нам, 4 не скроем от детей их, возвещая роду грядущему славу Господа, и силу Его, и чудеса Его, которые Он сотворил. 5 Он постановил устав в Иакове и положил закон в Израиле, который заповедал отцам нашим возвещать детям их, 6 чтобы знал грядущий род, дети, которые родятся, и чтобы они в свое время возвещали своим детям, - 7 возлагать надежду свою на Бога и не забывать дел Божиих, и хранить заповеди Его, 8 и не быть подобными отцам их, роду упорному и мятежному, неустроенному сердцем и неверному Богу духом своим. (Пс.77:3-8)*** Этот же принцип действует и сегодня.

Но Павел говорит и о страданиях за благовестие. Почему они возникают? Возвещая Евангелие спасения, мы вторгаемся в этот мир, которым правит сатана, и отвоёвываем у него души для Христа и Царства Божьего. Поэтому сопротивление дьявола на этом фронте особенно яростно. Он употребляет для борьбы с благовестием как неверующих людей, так и находящихся в других религиях или псевдохристианских лжеучениях. Апостол Павел неоднократно испытывал это на себе, однако не сдавался. ***8 В Ефесе же я пробуду до Пятидесятницы, 9 ибо для меня отверста великая и широкая дверь, и противников много. (1Кор.16:8,9)*** А как он страдал за благовестие, мы знаем. 21 ***...А если кто смеет [хвалиться] чем-либо, то (скажу по неразумию) смею и я. 22 Они Евреи? и я. Израильтяне? и я. Семя Авраамово? и я. 23 Христовы служители? (в безумии говорю:) я больше. Я гораздо более [был] в трудах, безмерно в ранах, более в темницах и многократно при смерти. 24 От Иудеев пять раз дано мне было по сорока [ударов] без одного; 25 три раза меня били палками, однажды камнями побивали, три раза я терпел кораблекрушение, ночь и день пробыл во глубине [морской]; 26 много раз [был] в путешествиях, в опасностях на реках, в опасностях от разбойников, в опасностях от единоплеменников, в опасностях от язычников, в опасностях в городе, в опасностях в пустыне, в опасностях на море, в опасностях между лжебратиями, 27 в труде и в изнурении, часто в бдении, в голоде и жажде, часто в посте, на стуже и в наготе. 28 Кроме посторонних [приключений], у меня ежедневно стечение [людей], забота о всех церквах. 29 Кто изнемогает, с кем бы и я не изнемогал? Кто соблазняется, за кого бы я не воспламенялся? (2Кор.11:21-29)***

Сатана не только прямо противится благовестию, но пытается извратить, исказить его. ***12 Желаю, братия, чтобы вы знали, что обстоятельства мои послужили к большему успеху благовествования, 13 так что узы мои о Христе сделались известными всей претории и всем прочим, 14 и большая часть из братьев в Господе, ободрившись узами моими, начали с большею смелостью, безбоязненно проповедывать слово Божие. 15 Некоторые, правда, по зависти и любопрению, а другие с добрым расположением проповедуют Христа. 16 Одни по любопрению проповедуют Христа не чисто, думая увеличить тяжесть уз моих; 17 а другие - из любви, зная, что я поставлен защищать благовествование. (Фил.1:12-17)*** Нечистому благовестию власти не противятся. Но каковы его результаты? Люди не изменили ни образ мыслей, ни образ жизни, а думают, что они спасены. Какой обман!!!

Бог хочет, чтобы мы исполняли это служение добровольно и ревностно. ***16 Ибо если я благовествую, то нечем мне хвалиться, потому что это необходимая [обязанность] моя, и горе мне, если не благовествую! 17 Ибо если делаю это добровольно, то [буду] иметь награду; а если недобровольно, то [исполняю только] вверенное мне служение. (1Кор.9:16,17)*** Но почему мне горе, если я не благовествую? Я же спасённый! Если ты спасённый, то Бог через Иисуса Христа дал тебе дары и способности духовные каким-то образом участвовать в распространении Благой вести. Это не только открытые Евангельские служения, выход с библиотекой. Это свидетельство домашним, соседям, сотрудникам по работе или учёбе. Это и наше поведение и участие в обычном собрании. Если неверующий или неутверждённый видит наше унылое выражение лица, слышит пение сквозь зубы - это явится серьёзным препятствием для него и Благая весть его не достигнет. А отвечать за это кто Будет? Не завопишь ли ты тогда: "Горе мне, что я не благовествовал!" Тогда ты поймёшь, что значит преступать повеления Божьи. Ты не соблюл принцип передачи вести о спасении другим. А может быть ты и вообще не спасённый.

Почему у первых христиан была такая сила свидетельства? ***3 Мы никому ни в чем не полагаем претыкания, чтобы не было порицаемо служение, 4 но во всем являем себя, как служители Божии, в великом терпении, в бедствиях, в нуждах, в тесных обстоятельствах, 5 под ударами, в темницах, в изгнаниях, в***

трудах, в бдениях, в постах, 6 в чистоте, в благоразумии, в великодушии, в благости, в Духе Святом, в нелицемерной любви, 7 в слове истины, в силе Божией, с оружием правды в правой и левой руке, 8 в чести и бесчестии, при порицаниях и похвалах: нас почитают обманщиками, но мы верны; 9 мы неизвестны, но нас узнают; нас почитают умершими, но вот, мы живы; нас наказывают, но мы не умираем; 10 нас огорчают, а мы всегда радуемся; мы нищи, но многих обогащаем; мы ничего не имеем, но всем обладаем. (2Кор.6:3-10) Это место Писания очень объёмно для того, чтобы разбирать его в этой книге. Вникните в то, какие качества должны иметь желающие благовествовать. Но мы же такие несовершенные! Но не ждите того часа, когда вы станете абсолютно совершенными и тогда начнёте служить Богу и благовествовать. Вы этого никогда не дождётесь! Сила Евангелия в том, что Бог начинает Свой труд в несовершенных и с несовершенными, а в процессе труда приводит нас к совершенству, как внутреннему, так и в труде, и в борьбе с дьяволом. Если у вас есть твёрдая позиция веры и хоть какие-то победы, то не страшитесь свидетельствовать о Христе. При этом всегда помните, какое значение имеет для вас Кровь Иисуса Христа.

10 И услышал я громкий голос, говорящий на небе: ныне настало спасение и сила и царство Бога нашего и власть Христа Его, потому что низвержен клеветник братий наших, клеветавший на них пред Богом нашим день и ночь. 11 Они победили его кровию Агнца и словом свидетельства своего, и не возлюбили души своей даже до смерти. (Откр.12:10,11)

Страдания за Христа

Хотя мы уже упоминали о страданиях, но в этой главе я хочу исследовать вопрос о том, какие именно страдания можно считать страданиями за Христа. В наш просвещённый век и сейчас есть христиане в Северной Корее, Китае, странах Азии и Африки, которые страдают за имя Иисуса Христа от гонений и несправедливых преследований, томятся в тюрьмах и лагерях, а некоторых и убивают. Но наш просвещённый мир об этом помалкивает. Ему не до того. Но во многих странах христиане живут спокойно и безопасно. Может быть им уже не нужны страдания или они уклоняются от страданий?

О будущих страданиях верующих говорил Сам Иисус, а затем и Апостолы Его. Жизнь первых христиан изобиловала страданиями за Христа. Поскольку у нас идёт непрерывная война с сатаной и его духами, то и нас сопровождают страдания, ибо войны без страданий не бывает. Для чего нужны страдания, какое действие они производят в нас?

Страдания нужны нам для очищения. ***1 Итак, как Христос пострадал за нас плотию, то и вы вооружитесь тою же мыслью; ибо страдающий плотию перестает грешить, 2 чтобы остальное во плоти время жить уже не по человеческим похотям, но по воле Божией. 3 Ибо довольно, что вы в прошедшее время жизни поступали по воле языческой, предаваясь нечистотам, похотям (мужеложству, скотоложству, помыслам), пьянству, излишеству в пище и питии и нелепому идолослужению; 4 почему они и дивятся, что вы не участвуете с ними в том же распутстве, и злословят вас. 5 Они дадут ответ Имеющему вскоре судить живых и мертвых. 6 Ибо для того и мертвым было благовествуемо, чтобы они, подвергшись суду по человеку плотию, жили по Богу духом. (1Пет.4:1-6)*** Наша плоть хочет грешить, жалеет и оправдывает себя, страдает, когда мы не даём ей грешить. Но это стоит нам большого духовного напряжения, иногда и физических страданий. Если мы распинаем в себе ветхого человека, то страдаем во имя Иисуса Христа. Мы должны всегда помнить, что плоть является союзницей дьявола.

В страданиях испытывается наша вера и терпение. ***2 С великою радостью принимайте, братия мои, когда впадаете в различные искушения, 3 зная, что испытание вашей веры производит терпение; 4 терпение же должно иметь совершенное действие, чтобы вы были совершенны во всей полноте, без всякого недостатка. 5 Если же у кого из вас недостает мудрости, да просит у Бога, дающего всем просто и без упреков, - и дастся ему. (Иак.1:2-5)***

6 О сем радуйтесь, поскорбев теперь немного, если нужно, от различных искушений, 7 дабы испытанная вера ваша оказалась драгоценнее гибнущего, хотя и огнем испытываемого золота, к похвале и чести и славе в явление Иисуса Христа, 8 Которого, не видев, любите, и Которого доселе не видя, но веруя в Него, радуетесь радостью неизреченною и преславною, 9 достигая наконец верою вашею спасения душ. (1Пет.1:6-9)

Страдания производят в нас определённые действия. ***3 И не сим только, но хвалимся и скорбями, зная, что от скорби происходит терпение, 4 от терпения опытность, от опытности надежда, 5 а надежда не постыжает, потому что любовь Божия излилась в сердца наши Духом Святым, данным нам. 6 Ибо Христос, когда еще мы были немощны, в определенное время умер за нечестивых. (Рим.5:3-6)*** Терпение нужно нам во всех сферах жизни. Недаром говорят: терпение и труд всё перетрут. Бывает, что люди терпят, ожидая момента, когда можно отомстить, что-то украсть или сделать какое-нибудь другое зло. Наше же терпение должно иметь совершенное действие. ***17 да будет совершен Божий человек, ко всякому доброму делу приготовлен. (2Тим. 3:17)*** Опытность приобретается при повторении каких-то действий или событий. Она даёт надежду на успешное и мудрое решение возникающих проблем. Но наша надежда простирается гораздо дальше, чем надежды мира сего. ***17 Посему и Бог, желая преимущественнее показать наследникам обетования непреложность Своей воли, употребил в посредство клятву, 18 дабы в двух непреложных вещах, в которых невозможно Богу солгать, твердое утешение имели мы, прибегшие взяться за предлежащую надежду, 19 которая для души есть как бы якорь безопасный и крепкий, и входит во внутреннейшее за завесу, 20 куда предтечею за нас вошел Иисус, сделавшись Первосвященником навек по чину Мелхиседека. (Евр.6:17-20) 1 Итак, оправдавшись верою, мы имеем мир с Богом через Господа нашего Иисуса Христа, 2 через Которого верою и получили мы доступ к той благодати, в которой стоим и хвалимся надеждою славы Божией. (Рим.5: 1,2)***

7 Он, во дни плоти Своей, с сильным воплем и со слезами принес молитвы и моления Могущему спасти Его от смерти; и услышан был за [Свое] благоговение; 8 хотя Он и Сын, однако страданиями навык послушанию, 9 и, совершившись, сделался для всех послушных Ему виновником спасения вечного, 10 быв наречен от Бога Первосвященником по чину Мелхиседека. (Евр.5:7-10) Навык - это привычка, доведённая до автоматизма. Так ли мы послушны Богу? Но Господь желает, чтобы мы в этом упражнялись не только когда нам легко, но и когда нам трудно и кажется даже невозможно. Страдания являются хорошей школой для приобретения навыка послушания и смирения.

16 Посему мы не унываем; но если внешний наш человек и тлеет, то внутренний со дня на день обновляется. 17 Ибо кратковременное легкое страдание наше производит в безмерном преизбытке вечную славу, 18 когда мы смотрим не на видимое, но на невидимое: ибо видимое временно, а невидимое вечно. (2Кор.4:16-18) Сперва поговорим о славе, а потом о чувствах. Почему страдания производят славу? Иов не похулил Бога в своих страданиях. Если мы не ропщем на Бога, как народ Израильский, не обвиняем Его в наших бедах, болезнях и неудачах, но взываем к Нему о помощи и с Ним преодолеваем возникающие проблемы, то мы на стороне Бога. Дьявол, который хотел нас через страдания отлучить от Бога, посрамился, а Бог прославился. И если мы в этой жизни прославляем Бога во всякое время; и во время благоприятное, и во время испытаний, то войдём и в вечную славу Его. Прочитайте книгу Псалтирь и увидите, как во время величайших страданий прославляется Бог.

Как мы должны вести себя во время страданий? Когда у нас есть серьёзные проблемы, хорошо прибегнуть к посту. Пост это символ смирения. С Богом бесполезно спорить и препираться, но если мы хотим с Ним решать наши проблемы, то нам нужно прежде всего смириться. ***16 Также, когда поститесь, не будьте унылы, как лицемеры, ибо они принимают на себя мрачные лица, чтобы показаться людям постящимися. Истинно говорю вам, что они уже получают награду свою. 17 А ты, когда постишься, помажь голову твою и умой лице твое, 18 чтобы явиться постящимся не пред людьми, но пред Отцом твоим, Который втайне; и Отец твой, видящий тайное, воздаст тебе явно. (Матф.6:16-18)***

Нам не должно унывать. Здесь говорится о нашем общем духовном состоянии. В конкретных случаях мы можем скорбеть и плакать. ***41 И когда приблизился к городу, то, смотря на него, заплакал о нем 42 и сказал: о, если бы и ты хотя в сей твой день узнал, что служит к миру твоему! Но это сокрыто ныне от глаз твоих, 43 ибо придут на тебя дни, когда враги твои обложат тебя окопами и окружат тебя, и стеснят тебя отовсюду, 44 и разорят тебя, и побьют детей твоих в тебе, и не оставят в тебе камня на камне за то, что ты не узнал времени посещения твоего. (Лук.19:41-44)*** Мы не должны быть постоянно в состоянии уныния и подавленности, но радоваться в Господе. ***22 Ве-***

селое сердце благотворно, как врачевство, а унылый дух сушит кости. (Прит.17:22) Мы должны радоваться тому, что спасены, что мы теперь дети Божьи, что мы имеем жизнь вечную и являемся наследниками Небесного Царства, что у нас появилась новая семья, братья и сёстры во Христе, которые составляют Церковь. Мы должны радоваться ответам на молитвы, возможности служить Господу, успеху благовестия. Но почему мы должны радоваться, когда впадаем в различные искушения? Давайте представим, что у нас нет искушений и все говорят о нас хорошо. Но что говорит Иисус? ***26 Горе вам, когда все люди будут говорить о вас хорошо! ибо так поступали с лжепророками отцы их. (Лук.6:26)*** Хотите ли вы оказаться лжепророками? Или вам всё равно, что пророчествовать, лишь бы пророчествовать? Но лжепророки являются слугами сатаны, а со своими он не сражается. А если с нами он сражается, значит мы на стороне Бога, а Бог за нас. Потому мы должны радоваться не только тогда, когда впадаем в искушения, но, тем более тогда, когда побеждаем их. Но если мы уклоняемся от страданий или считаем, что нам они не нужны, то мы уже побеждены дьяволом. Мы становимся беззащитными перед житейскими неурядицами и бедами, а также перед теми грозными событиями, которые грядут на весь мир. Надеюсь, что теперь мы яснее поймём слова Писаная: ***16 Всегда радуйтесь. 17 Непрестанно молитесь. 18 За все благодарите: ибо такова о вас воля Божия во Христе Иисусе. (1Фесс.5:16-18)*** Мы уже говорили о том, что лучшее, что мы можем сделать в нашей жизни - это исполнить волю Божию.

Апостол Павел увещает верующих, которые остановились в развитии, охладели, обленились, возвращая их к прошлому. ***32 Вспомните прежние дни ваши, когда вы, быв просвещены, выдержали великий подвиг страданий, 33 то сами среди поношений и скорбей служа зрелищем [для других], то принимая участие в других, находившихся в таком же [состоянии]; 34 ибо вы и моим узам сострадали и расхищение имения вашего приняли с радостью, зная, что есть у вас на небесах имущество лучшее и непреходящее. 35 Итак не оставляйте упования вашего, которому предстоит великое воздаяние. 36 Терпение нужно вам, чтобы, исполнив волю Божию, получить обещанное; 37 ибо еще немного, очень немного, и Грядущий придет и не умедлит. 38 Праведный верою жив будет; а если [кто] поколеблется, не благоволит к тому душа Моя. 39 Мы же не из колеблющихся на по-***

гибель, но [стоим] в вере к спасению души. (Евр.10:32-39) Знаете ли вы историю страдающей Церкви? Есть ли у вас примеры наставников, устоявших в борьбе и победивших в искушениях? ***7 Поминайте наставников ваших, которые проповедывали вам слово Божие, и, взирая на кончину их жизни, подражайте вере их. (Евр.13:7)***

Всеоружие Божье

Давайте сразу вооружимся мыслью о том, что Бог, зная на какую битву Он нас посылает, зная силу и коварство врага душ человеческих и нашу немощь, даёт нам полное вооружение как для защиты, так и для наступления. Верой же мы должны принять, что победа нам уже обеспечена. ***57 Благодарение Богу, даровавшему нам победу Господом нашим Иисусом Христом! 58 Итак, братия мои возлюбленные, будьте тверды, непоколебимы, всегда преуспевайте в деле Господнем, зная, что труд ваш не тщетен пред Господом. (1Кор.15:57,58)*** Теперь я приведу текст о всеоружии Божьем и мы рассмотрим, что у нас защищено и какие средства даёт нам Бог для борьбы с лукавым и его духами.

10 Наконец, братия мои, укрепляйтесь Господом и могуществом силы Его. 11 Облекитесь во всеоружие Божие, чтобы вам можно было стать против козней диавольских, 12 потому что наша брань не против крови и плоти, но против начальств, против властей, против мироправителей тьмы века сего, против духов злобы поднебесной. 13 Для сего примите всеоружие Божие, дабы вы могли противостать в день злый и, все преодолев, устоять. 14 Итак станьте, препоясав чресла ваши истиною и облекшись в броню праведности, 15 и обув ноги в готовность благовествовать мир; 16 а паче всего возьмите щит веры, которым возможете угасить все раскаленные стрелы лукавого; 17 и шлем спасения возьмите, и меч духовный, который есть Слово Божие. 18 Всякою молитвою и прошением молитесь во всякое время духом, и старайтесь о сем самом со всяким постоянством и молением о всех святых 19 и о мне, дабы мне дано было слово - устами моими открыто с дерзновением возвещать тайну благовествования, 20 для которого я исполняю посольство в узах, дабы я смело проповедывал, как мне должно. (Еф.6:10-20)

В этом тексте есть учение, поэтому мы можем задать себе вопросы: кто даёт, что даёт, кому даёт, для чего даёт и что с этим делать? Рассматривая этот текст, мы должны увидеть и понять, что Бог даёт нам, и что должны делать мы. Бог даёт нам всеоружие, которое мы должны принять. Иногда нам дарят подарок, завёрнутый в красивую упаковку, но мы не знаем, что там внутри, а всё равно принимаем. А если не примем? Дарящий обидится, а мы лишимся может быть какой-то очень нужной вещи в нашем хозяйстве. Но как же принимать даяния Божьи, которые мы не видим? Ответ один: верой! Но, если мы их не примем, то и не будем иметь. Ну, хорошо! Приняли мы верой всеоружие Божье, свалили где-то в кучу, и пусть себе лежит! Но Господь нам велит облечься во всеоружие, то есть, одеть его на себя, а это уже практические действия. Для чего даётся нам всеоружие Божье? Чтобы мы могли противостать козням дьявольским и даже в самый трудный день, всё преодолевши, устоять. Кому даётся всеоружие? Каждому из нас. Если мы возрождённые, то сатана будет бороться против каждого из нас без всякого исключения. У людей мира сего тоже бывает масса всяких проблем и бед из-за их греховности и греховности окружающих людей. Они тоже часто борются, но не с сатаной, а друг с другом, или беспомощно барахтаются в своих проблемах и горестях. Нам же Бог не только даёт Своё всеоружие, но и учит, как им пользоваться, где, когда и что применять. Итак, рассмотрим текст о всеоружии Божьем в свете нашей книги.

Что значит препоясать чресла истиной? Раньше пояс имел в одежде человека большое значение, также и в одежде воина. Он придавал одежде собранность, а также свободу в движениях, использовался также для хранения денег. ***9 Не берите с собою ни золота, ни серебра, ни меди в поясы свои, 10 ни сумы на дорогу, ни двух одежд, ни обуви, ни посоха, ибо трудящийся достоин пропитания. (Матф.10:9,10)*** Препоясываться лёжа или сидя неудобно, да и не за чем. Это пассивное положение тела. Но нам говорится: ***Итак станьте, препоясав чресла ваши истиною.*** Это активная поза. Чресла же, или тазобедренный сустав, являются опорой всего тела. Но здесь есть иносказание. Ведь думаем мы головой, а не тем, что ниже пояса, поэтому Апостол Пётр говорит: ***13 Посему, (возлюбленные), препоясав чресла ума вашего, бодрствуя, совершенно уповайте на подаваемую вам благодать в явлении Иисуса Христа. (1Пет.1:13)*** А это значит, что мы должны заботиться о том, чтобы иметь Бога в разуме, быть собранными и внимательными, хорошо знать основополагающие Евангельские истины и твёрдо держаться их. ***8 Иисус Христос вчера и сегодня и во веки Тот же. 9 Учениями различными и чуждыми не увлекайтесь; ибо хорошо благодатью укреплять сердца, а не яствами, от которых не получили пользы занимающиеся ими. (Евр.13:8,9)***

Что же даст нам победу в разуме? Передача всей нашей жизни, всех планов и намерений в святые руки Иисуса Христа. Мы часто обращаемся к Нему: "Дорогой Господь!" Но является ли Он действительно господином нашей жизни и нашим Главнокомандующим в этой нелёгкой битве?

Мы видим, что голова воина защищена шлемом. Также и нам Господь повелевает взять шлем спасения. Мы имеем не только мысли, но и чувства, и эмоции. В этой области враг особенно яростно атакует нас. Но шлем спасения способен защитить нас, а Бог даёт нам способность овладеть нашим и чувствами. Дьявол также атакует нас сомнениями. Но у нас есть надежда и великие и драгоценные обетования. ***8 Мы же, будучи [сынами] дня, да трезвимся, облекшись в броню веры и любви и в шлем надежды спасения, 9 потому что Бог определил нас не на гнев, но к получению спасения через Господа нашего Иисуса Христа, 10 умершего за нас, чтобы мы, бодрствуем ли, или спим, жили вместе с Ним. 11 Посему увещавайте друг друга и назидайте один другого, как вы и делаете. (1Фесс.5:8-11)***

А теперь обратим внимание на те действия, которые мы должны выполнить. Укрепляйтесь, возьмите, примите, облекитесь, препояшьтесь, обуйте ноги. Это говорит о том, что мы должны подчинить свою волю воле Божьей, иначе всеоружие работать не будет. У нас должна быть готовность не только благовествовать, но исполнять любое служение или поручение Господа. Обратите внимание на то, что мы ещё не исполняем, но готовы исполнять. Тогда мы находимся в состоянии ожидания повелений от Господа. А если мы не ищем, чем бы послужить Иисусу, не ожидаем Его повелений, то скоро задремлем и уснём. А как насчёт масла? Будьте уверены в том, что в таком состоянии у нас его не будет. ***35 Да будут чресла ваши препоясаны и светильники горящи. 36 И вы будьте подобны людям, ожидающим возвращения господина своего с брака, дабы, когда придет и постучит, тотчас отворить ему. 37 Блаженны рабы те, которых господин, придя, найдет бодрствующими; истинно говорю вам, он препояшется и посадит их, и, подходя, станет служить им. 38 И если придет во вторую стражу, и в третью стражу придет, и найдет их так, то блаженны рабы те. 39 Вы знаете, что если бы ведал хозяин дома, в который час придет вор, то бодрствовал бы и не допустил бы подкопать дом свой. 40 Будьте же и вы готовы, ибо, в который час не думаете, приидет Сын Человеческий. (Лук.12:35-40)*** За непокорность же Его воле Бог наказывает. ***47 Раб же тот, который знал волю господина своего, и не был готов, и не делал по воле его, бит будет много; 48 а который не знал, и сделал достойное наказания, бит будет меньше. И от всякого, кому дано много, много и потребуется, и кому много вверено, с того больше взыщут. (Лук.12:47,48)*** Дорогие читатели! Я не советую вам исследовать, много вам дано или мало, но стремиться от всего сердца исполнять волю Божью. Дьявол же стремится ослабить или парализовать нашу волю, чтобы вновь навязать нам свою волю. ***23 От глупых и невежественных состязаний уклоняйся, зная, что они рождают ссоры; 24 рабу же Господа не должно ссориться, но быть приветливым ко всем, учительным, незлобивым, 25 с кротостью наставлять противников, не даст ли им Бог покаяния к познанию истины, 26 чтобы они освободились от сети диавола, который уловил их в свою волю. (2Тим.2:23-26)***

Как верхняя часть тела воина, его спина и грудь защищены бронёй, так наше сердце тоже должно быть защищено бронёй праведности. Если Христос верой вселяется в сердца наши, то Бог вменяет нам праведность Сына Своего, а перед праведностью Христа сатана бессилен. Если он не смог искусить Иисуса грехом во дни плоти Его, то, тем более, не может искусить сейчас во славе Его. Нам же дьявол пытается вложить в сердце худые мысли и намерения. И если он поразит сердце наше, то мы потеряем всё. ***23 Больше всего хранимого храни сердце твое, потому что из него источники жизни. (Прит.4:23)*** Поэтому мы должны иметь страх Господень и постоянно очищать наше сердце через суды Божии. ***10 Страх Господень чист, пребывает вовек. Суды Господни истина, все праведны; 11 они вожделеннее золота и даже множества золота чистого, слаще меда и капель сота; 12 и раб Твой охраняется ими, в соблюдении их великая награда. 13 Кто усмотрит погрешности свои? От тайных [моих] очисти меня 14 и от умышленных удержи раба Твоего, чтобы не возобладали мною. Тогда я буду непорочен и чист от великого развращения. 15 Да будут слова уст моих и помышление сердца моего благоугодны пред Тобою, Господи, твердыня моя и Избавитель мой! (Пс.18: 10-15)*** Сердце наше должно быть вполне предано Господу. Представьте себе генеральный штаб армии, который не подчиняется главнокомандующему. Как же будут планироваться сражения? Как же будут выполняться его приказы? Такая армия заведомо обречена на поражение. Если же мы терпим поражение за поражением, то не подобно ли сердце наше такому генеральному штабу?

Мне нравится гимн "Наш меч не из стали блестящей". Слово Божье воздействует на нас и на других людей через нас, потому оно названо мечом обоюдоострым. Это меч духовный. Это значит, что наш дух также небеззащитный. Этот меч поражает наши плотские помышления и стремления, когда наш дух взаимодействует с Духом Святым. ***12 Итак, братия, мы не должники плоти, чтобы жить по плоти; 13 ибо если живете по плоти, то умрете, а если духом умерщвляете дела плотские, то живы будете. (Рим.8:12,13)*** А вот действие духа Павла на других верующих. ***1 Есть верный слух, что у вас [появилось] блудодеяние, и притом такое блудодеяние, какого не слышно даже у язычников, что некто [вместо] [жены] имеет жену отца своего. 2 И вы возгордились, вместо того, чтобы лучше плакать, дабы изъят был из среды вас сделавший такое дело. 3 А я, отсутствуя телом, но присутствуя [у вас] духом, уже решил, как бы находясь у вас: сделавшего такое дело, 4 в собрании вашем во имя Господа нашего Иисуса Христа, обще с моим духом, силою Господа нашего***

Иисуса Христа, 5 предать сатане во измождение плоти, чтобы дух был спасен в день Господа нашего Иисуса Христа. (1Кор.5:1-5) Это были не пустые слова, но человеку, которого впоследствии простили, пришлось действительно много пострадать. Меч духовные даётся нам не только для оборонительных действий, но и для наступательных. ***3 Ибо мы, ходя во плоти, не по плоти воинствуем. 4 Оружия воинствования нашего не плотские, но сильные Богом на разрушение твердынь: [ими] ниспровергаем замыслы 5 и всякое превозношение, восстающее против познания Божия, и пленяем всякое помышление в послушание Христу, 6 и готовы наказать всякое непослушание, когда ваше послушание исполнится. (2Кор.10:3-6)*** Видите, как решительно высказывается Павел? Если мы видим посягательство на учение Иисуса Христа и наши духовные ценности, мы также решительно должны давать им отпор. ***9 Глупых же состязаний и родословий, и споров и распрей о законе удаляйся, ибо они бесполезны и суетны. 10 Еретика, после первого и второго вразумления, отвращайся, 11 зная, что таковой развратился и грешит, будучи самоосужден. (Тит. 3:9-11)*** Но если мы Слово Божье употребляем для того, чтобы бить своих братьев и сестёр по вере, это уже не меч духовный, но мы уподобимся злому рабу. ***48 Если же раб тот, будучи зол, скажет в сердце своем: не скоро придет господин мой, 49 и начнет бить товарищей своих и есть и пить с пьяницами, - 50 то придет господин раба того в день, в который он не ожидает, и в час, в который не думает, 51 и рассечет его, и подвергнет его одной участи с лицемерами; там будет плач и скрежет зубов. (Матф. 24:48-51)***

Готовность благовествовать мир свидетельствует о нашем желании трудиться для Господа. Но если у нас есть желание, то мы должны верить, что Господь даст нам и способности, и возможности для совершения самого труда. Но готовность наша проявляется не только в желаниях. Я готов в любое время выйти к пианино и сыграть аккомпанемент к многим христианским песнопениям. Но этому предшествовали годы занятий и упражнений. Также и книги я начал писать не сразу, когда уверовал, но Бог почти двадцать пять лет меня к этому готовил. Поэтому, имея явное влечение к какому-либо труду для Господа, нужно просить Его, чтобы Он и подготовил вас к этому труду. Если меня посадить за рояль, я знаю, что делать, потому что у меня годы подготовки. А если посадить меня в пожарную машину или в машину скорой помощи? Лучше не надо! Но как хорошо, что они прошли определённую подготовку и знают, что делать.

Сатана же может искушать нас поспешностью и мы берёмся за дело Божье преждевременно. Но последствия будут горьки. ***3 Благоразумный видит беду, и укрывается; а неопытные идут вперед, и наказываются. (Прит.22:3)*** Человек может также возомнить о себе, что он уже готов и всё знает. ***18 Погибели предшествует гордость, и падению - надменность. 19 Лучше смиряться духом с кроткими, нежели разделять добычу с гордыми. (Прит.16:18,19) 13 Перед падением возносится сердце человека, а смирение предшествует славе. (Прит.18:13)***

Как действует щит веры? Щит находится в левой руке и является подвижной частью вооружения воина. Он первый принимает на себя удары меча или копья. Но у нашего щита есть ещё одно уникальное свойство. ***А паче всего возьмите щит веры, которым возможете угасить все раскаленные стрелы лукавого.*** Раскалённые или зажигательные стрелы были в своё время подобны теперешним ракетам. Они перелетали через крепостные стены и воспламеняли всё, что может гореть. Но ракету теперь можно перехватить, а стрелу можно было только отразить щитом. Но если вокруг воина сухая трава, то она мгновенно вспыхнет от упавшей стрелы. А наш щит способен не только отразить, но и угасить все раскалённые стрелы лукавого. Сатана хочет воспламенить в нас обиду, непрощение, злобу, месть, гнев, ярость, ропот и возмущение. Но мы должны занять правильную позицию веры во всех отношениях. То, что Бог нас любит, охраняет, заботится о нас, как о детях Своих, ведёт нас к вечной жизни абсолютно верно. Но посмотрим и на то, какие ещё наставления давали Апостолы верующим. ***27 Только живите достойно благовествования Христова, чтобы мне, приду ли я и увижу вас, или не приду, слышать о вас, что вы стоите в одном духе, подвизаясь единодушно за веру Евангельскую, 28 и не страшитесь ни в чем противников: это для них есть предзнаменование погибели, а для вас - спасения. И сие от Бога, 29 потому что вам дано ради Христа не только веровать в Него, но и страдать за Него 30 таким же подвигом, какой вы видели во мне и ныне слышите о мне. (Фил.1:27-30) 21 Проповедав Евангелие сему городу и приобретя довольно учеников, они обратно проходили Листру, Иконию и Антиохию, 22 утвер-***

ждая души учеников, увещевая пребывать в вере и [поучая], что многими скорбями надлежит нам войти в Царствие Божие. (Деян.14:21,22) 17 никому не воздавайте злом за зло, но пекитесь о добром перед всеми человеками. 18 Если возможно с вашей стороны, будьте в мире со всеми людьми. 19 Не мстите за себя, возлюбленные, но дайте место гневу [Божию]. Ибо написано: Мне отмщение, Я воздам, говорит Господь. 20 Итак, если враг твой голоден, накорми его; если жаждет, напой его: ибо, делая сие, ты соберешь ему на голову горящие уголья. 21 Не будь побежден злом, но побеждай зло добром. (Рим.12:17-21) 5 Кротость ваша да будет известна всем человекам. Господь близко. (Фил.4:5) Вот как мы можем верой угасить раскалённые стрелы лукавого.

Сатана пытается разрушить нашу веру, посеять сомнения. Самый же коварный способ его действий - направить нашу веру в ложное русло. Души, попавшиеся на эту удочку фактически являются неверующими, потому что они избирают то, во что им удобно и выгодно верить, остальные истины Божьи с презреньем отметают. Но Бог такую веру не признаёт. Иисус говорил фарисеям, которые считали себя верующими о том, что они оставили суд, милость и веру. Он также назвал их овцами не Его двора. Апостол Иуда также говорит: ***4 Ибо вкрались некоторые люди, издревле предназначенные к сему осуждению, нечестивые, обращающие благодать Бога нашего в [повод к] распутству и отвергающиеся единого Владыки Бога и Господа нашего Иисуса Христа. 5 Я хочу напомнить вам, уже знающим это, что Господь, избавив народ из земли Египетской, потом неверовавших погубил, 6 и ангелов, не сохранивших своего достоинства, но оставивших свое жилище, соблюдает в вечных узах, под мраком, на суд великого дня. (Иуд.1:4-6) 11 Горе им, потому что идут путем Каиновым, предаются обольщению мзды, как Валаам, и в упорстве погибают, как Корей. 12 Таковые бывают соблазном на ваших вечерях любви; пиршествуя с вами, без страха утучняют себя. Это безводные облака, носимые ветром; осенние деревья, бесплодные, дважды умершие, исторгнутые; 13 свирепые морские волны, пенящиеся срамотами своими; звезды блуждающие, которым блюдется мрак тьмы на веки. (Иуд.1:11-13) 16 Это ропотники, ничем не довольные, поступающие по своим похотям (нечестиво и беззаконно); уста их произносят надутые слова; они оказывают***

лицеприятие для корысти. 17 Но вы, возлюбленные, помните предсказанное Апостолами Господа нашего Иисуса Христа. 18 Они говорили вам, что в последнее время появятся ругатели, поступающие по своим нечестивым похотям. 19 Это люди, отделяющие себя (от единства веры), душевные, не имеющие духа. (Иуд.1:16-19)

Наша вера является не нашим изобретением и не нашим желанием, но великой святыней, которую дарит нам Господь. Если же мы не считаем её за святыню, то она и не будет нашим щитом. ***20 А вы, возлюбленные, назидая себя на святейшей вере вашей, молясь Духом Святым, 21 сохраняйте себя в любви Божией, ожидая милости от Господа нашего Иисуса Христа, для вечной жизни. 22 И к одним будьте милостивы, с рассмотрением, 23 а других страхом спасайте, исторгая из огня, обличайте же со страхом, гнушаясь даже одеждою, которая осквернена плотью. 24 Могущему же соблюсти вас от падения и поставить пред славою Своею непорочными в радости, 25 Единому Премудрому Богу, Спасителю нашему чрез Иисуса Христа Господа нашего, слава и величие, сила и власть прежде всех веков, ныне и во все веки. Аминь. (Иуд.1:20-25)*** Обратите внимание на то, что мы должны не только назидать себя, но и молиться. ***22 и все, чего ни попросите в молитве с верою, получите. (Матф.21:22)*** Молитва является также неотъемлемой частью нашей духовной брани. ***18 Всякою молитвою и прошением молитесь во всякое время духом, и старайтесь о сем самом со всяким постоянством и молением о всех святых 19 и о мне, дабы мне дано было слово - устами моими открыто с дерзновением возвещать тайну благовествования, 20 для которого я исполняю посольство в узах, дабы я смело проповедывал, как мне должно. (Еф.6:18-20)***

Армия всегда имела средства связи. Это были гонцы, затем полевые телефоны и рации, а сейчас самые современные средства связи. Молитва также является удивительным средством связи с нашим Главнокомандующим, Вождём спасения. Мы можем без всяких приборов с любого места получить мгновенный ответ. Обратите внимание на то, о чём вы молитесь. Если ваши просьбы исключительно о земном, материальном, значит сатана вас не искушает, а вы не воюете с ним. Но тогда вы не в числе детей Божьих. Дети Божьи постоянно испытывают искушения и нападения сатаны, поэтому они часто молятся о ведении в их преодолении и отражении. Грехи и лжеучения, особенно сейчас, бывают очень хитро замаскированы, преподносятся даже как истины Божьи. Противник стремится создать помехи для средств связи. Сейчас это радиоэлектронные помехи. Сатана же стремится создать нам препятствия в молитвах. ***7 Также и вы, мужья, обращайтесь благоразумно с женами, как с немощнейшим сосудом, оказывая им честь, как сонаследницам благодатной жизни, дабы не было вам препятствия в молитвах. 8 Наконец будьте все единомысленны, сострадательны, братолюбивы, милосерды, дружелюбны, смиренномудры; 9 не воздавайте злом за зло или ругательством за ругательство; напротив, благословляйте, зная, что вы к тому призваны, чтобы наследовать благословение. 10 Ибо, кто любит жизнь и хочет видеть добрые дни, тот удерживай язык свой от зла и уста свои от лукавых речей; 11 уклоняйся от зла и делай добро; ищи мира и стремись к нему, 12 потому что очи Господа [обращены] к праведным и уши Его к молитве их, но лице Господне против делающих зло, (чтобы истребить их с земли). (1Пет.3:7-12) 8 Итак желаю, чтобы на всяком месте произносили молитвы мужи, воздевая чистые руки без гнева и сомнения; 9 чтобы также и жены, в приличном одеянии, со стыдливостью и целомудрием, украшали себя не плетением [волос], не золотом, не жемчугом, не многоценною одеждою, 10 но добрыми делами, как прилично женам, посвящающим себя благочестию. (1Тим.2:8-10)*** Так поступая, мы будем удалять препятствия в молитвах. Мы также должны бороться в молитвах наших за служителей, благовестников и миссионеров, стоящих на переднем краю нашей битвы.

Бог за нас

28 Притом знаем, что любящим Бога, призванным по [Его] изволению, все содействует ко благу. 29 Ибо кого Он предузнал, тем и предопределил быть подобными образу Сына Своего, дабы Он был первородным между многими братиями. 30 А кого Он предопределил, тех и призвал, а кого призвал, тех и оправдал; а кого оправдал, тех и прославил. 31 Что же сказать на это? Если Бог за нас, кто против нас? 32 Тот, Который Сына Своего не пощадил, но предал Его за всех нас, как с Ним не дарует нам и всего? 33 Кто будет обвинять избранных Божиих? Бог оправдывает [их]. 34 Кто осуждает? Христос Иисус умер, но и

воскрес: Он и одесную Бога, Он и ходатайствует за нас. 35 Кто отлучит нас от любви Божией: скорбь, или теснота, или гонение, или голод, или нагота, или опасность, или меч? как написано: 36 за Тебя умерщвляют нас всякий день, считают нас за овец, [обреченных] на заклание. 37 Но все сие преодолеваем силою Возлюбившего нас. 38 Ибо я уверен, что ни смерть, ни жизнь, ни Ангелы, ни Начала, ни Силы, ни настоящее, ни будущее, 39 ни высота, ни глубина, ни другая какая тварь не может отлучить нас от любви Божией во Христе Иисусе, Господе нашем. (Рим.8:28-39) Исследуя этот текст Священного Писания давайте посмотрим как на Бога, так и на нас, ибо некоторые толкуют его, смотря только на Бога, но забывая про нас. Таким образом получается, что Бог нам всем обязан, а мы Ему ничем. Но так ли это?

Бог безукоризнен, безупречен в Своих действиях и верен всем Своим обещаниям. Но кому Он обещает Свою помощь и защиту?

1. ***Любящим Бога***. Если мы ответили на любовь Божью, явленную нам в Иисусе Христе, а любовь Божья излилась в наши сердца Духом Святым, данным нам, если мы всем сердцем обратились от мёртвых дел к вере в Бога, если для нас заповеди Его стали не тяжкими, но желанными, если у нас есть желание благодарить и славить Бога и служить Ему, то мы стали любящими Бога и Бог за нас!

2. ***Призванным по Его изволению.*** Обратим внимание на два момента. Одна женщина искала применения своих сил и способностей и при разговоре сказала: "Может быть я уйду в религию". Немало людей решают быть пасторами или священниками, заканчивают различные богословские заведения и уходят в религию. Но находят ли они Бога? Этот же текст гласит о том, что Сам Бог призывает нас. Также и Христос говорит: ***16 Не вы Меня избрали, а Я вас избрал и поставил вас, чтобы вы шли и приносили плод, и чтобы плод ваш пребывал, дабы, чего ни попросите от Отца во имя Мое, Он дал вам. (Иоан.15:16)*** Так что мы призваны не по нашему желанию, а по Божьей воле. Но на этом не заканчивается призвание Бога, ***9 спасшего нас и призвавшего званием святым, не по делам нашим, но по Своему изволению и благодати, данной нам во Христе Иисусе прежде вековых времен, (2Тим.1:9)*** Звание святое говорит о призвании нас к труду, к служению для Господа. Для этого нам даются и дары благодати. Если вы пони-

маете и принимаете эту истину, то и вам будет всё содействовать ко благу.

3. ***Ибо кого Он предузнал, тем и предопределил быть подобными образу Сына Своего, дабы Он был первородным между многими братиями.*** Бог существует вне пространства и времени. Он называет несуществующее как существующее, Он знает имена ещё неродившихся людей. Он от начала возвещает то, что будет в конце. Но предузнание Божие остаётся для нас великой тайной. Почему Бог предузнал именно меня? Чем я лучше других грешников? Как на мой взгляд, так гораздо хуже, но благодатью есть то, что есть. Но Бог для нас ещё что-то предопределил, а это уже понятно и серьёзно, потому что это конкретные намерения Бога относительно каждого из нас. У Бога есть ясная цель: преобразить нас в образ Сына Своего. Мы вошли в процесс преобразования погибших грешников в славный образ Сына Божия. Если мы в этом активно участвуем, то войдём в Царство Божие, где Христос будет первородным между многими братьями.

4. ***А кого Он предопределил, тех и призвал, а кого призвал, тех и оправдал; а кого оправдал, тех и прославил.*** Итак, мы принимаем призвание для нас, как свершившийся факт. Как Бог нас призвал? Через благовестие. Мы услышали голос Божий, обратили на него внимание, уверовали в истины Божьи и спасение во Христе Иисусе и стали призванными. Если кто-то думает: "Вот я какой хороший! Услышал Благую весть, откликнулся, уверовал!" Но такой человек остаётся без оправдания. Оправдание же получают виновные в чём-либо. Если мы признаём себя виновными перед Богом, то Он не только прощает нас через Иисуса Христа, но и снимает с нас вину за грехи так, как будто бы мы и вовсе не грешили, потому что вину за наши грехи взял на Себя Иисус. Вот что значит оправдание. Я пишу вам об этом, потому что сам был в таком заблуждении относительно себя.

Как мы не можем оправдаться делами, приходя к Иисусу, так мы не можем оправдаться делами и ходя перед Иисусом. Он призывает нас к труду, ставит нас на Им определённое место в Церкви, даёт нам силы и средства для совершения труда. ***10 Так и вы, когда исполните все повеленное вам, говорите: мы рабы ничего не стоящие, потому что сделали, что должны были сделать. (Лук.17:10)*** Но если мы будем исполнять порученное нам дело добросовестно и ревностно, то получим награду. ***20 И, подойдя, полу-***

чивший пять талантов принес другие пять талантов и говорит: господин! пять талантов ты дал мне; вот, другие пять талантов я приобрел на них. 21 Господин его сказал ему: хорошо, добрый и верный раб! в малом ты был верен, над многим тебя поставлю; войди в радость господина твоего. (Матф. 25:20,21) 16 Ибо если я благовествую, то нечем мне хвалиться, потому что это необходимая [обязанность] моя, и горе мне, если не благовествую! 17 Ибо если делаю это добровольно, то [буду] иметь награду; а если недобровольно, то [исполняю только] вверенное мне служение. 18 За что же мне награда? За то, что, проповедуя Евангелие, благовествую о Христе безмездно, не пользуясь моею властью в благовествовании. (1Кор.9:16-18) 13 Ибо хорошо служившие приготовляют себе высшую степень и великое дерзновение в вере во Христа Иисуса. (1Тим.3:13) Оправдание мы уже имеем, а награду получаем за дела, которые творим верой, действующей любовью.

Сейчас мы прославляемся не так, как цари и вельможи, не так, как люди, достигшие определённых успехов в каких-то делах, но как Иисус, когда Он был на земле. ***25 Иисус же, подозвав их, сказал: вы знаете, что князья народов господствуют над ними, и вельможи властвуют ими; 26 но между вами да не будет так: а кто хочет между вами быть большим, да будет вам слугою; 27 и кто хочет между вами быть первым, да будет вам рабом; 28 так как Сын Человеческий не [для того] пришел, чтобы Ему служили, но чтобы послужить и отдать душу Свою для искупления многих. (Матф.20:25-28)*** Во второй же раз Иисус придёт во славе и величии. Тогда и святые Его будут прославлены и возвеличены.

5. ***Что же сказать на это? Если Бог за нас, кто против нас? Тот, Который Сына Своего не пощадил, но предал Его за всех нас, как с Ним не дарует нам и всего?*** Здесь задаются вопросы, на которые, казалось бы, не нужно отвечать. Но я предлагаю подумать над ними. Апостол Павел возвестил истины Божьи и подвёл итог. Что сказать на это? Можно сказать и так: неужели кто-то захочет возражать? А вы не хотите поспорить с Богом? К сожалению, в наши дни есть немало таких желающих, называющих себя верующими. Оспаривают все истины Божьи, в том числе и эти тексты. ***20 А ты кто, человек, что споришь с Богом? Изделие скажет ли сделавшему его: "зачем ты меня так сделал?" 21 Не***

властен ли горшечник над глиною, чтобы из той же смеси сделать один сосуд для почетного [употребления], а другой для низкого? (Рим.9:20,21) Спорящий с Богом не может покоряться воле Его. Если мы хотим понять, что говорит нам Бог, нам нужно прежде всего смириться. Тогда мы получим откровение от Бога.

Очень многие люди, не родившиеся свыше, но называющие себя христианами, не могут ответить на второй вопрос. Они не понимают смысл жертвы Христа, суть спасения, не имеют благодати и даров Духа Святого. Божьи обетования спасённым для них бездейственны. Но для них действуют другие обетования - обещание вечной погибели. ***21 Не всякий, говорящий Мне: "Господи! Господи!", войдет в Царство Небесное, но исполняющий волю Отца Моего Небесного. 22 Многие скажут Мне в тот день: Господи! Господи! не от Твоего ли имени мы пророчествовали? и не Твоим ли именем бесов изгоняли? и не Твоим ли именем многие чудеса творили? 23 И тогда объявлю им: Я никогда не знал вас; отойдите от Меня, делающие беззаконие. (Матф.7:21-23)***

6. ***Кто будет обвинять избранных Божиих? Бог оправдывает [их]. 34 Кто осуждает? Христос Иисус умер, но и воскрес: Он и одесную Бога, Он и ходатайствует за нас. 35 Кто отлучит нас от любви Божией: скорбь, или теснота, или гонение, или голод, или нагота, или опасность, или меч? как написано: 36 за Тебя умерщвляют нас всякий день, считают нас за овец, [обреченных] на заклание. 37 Но все сие преодолеваем силою Возлюбившего нас.*** Теперь Павел задаёт вопросы, на которые сам же и отвечает. Здесь нужно правильно уловить смысл вопросов. Мир постоянно обвиняет и осуждает детей Божьих, а дьявол клевещет на них. ***10 И услышал я громкий голос, говорящий на небе: ныне настало спасение и сила и царство Бога нашего и власть Христа Его, потому что низвержен клеветник братий наших, клеветавший на них пред Богом нашим день и ночь. (Откр.12:10)*** Итак, клеветать и осуждать есть кому в настоящее время, но на суде Божьем заградятся всякие уста и никто уже не посмеет осуждать и обвинять избранных Божьих. Бог оправдывает их, а Христос ходатайствует за них, то есть, заступается за них перед Богом. Вот иллюстрация из Ветхого Завета.

1 И показал он мне Иисуса, великого иерея, стоящего перед Ангелом Господним, и сатану, стоящего по правую руку его, чтобы противодействовать ему. 2 И сказал Господь сатане:

Господь да запретит тебе, сатана, да запретит тебе Господь, избравший Иерусалим! не головня ли он, исторгнутая из огня? 3 Иисус же одет был в запятнанные одежды и стоял перед Ангелом, 4 который отвечал и сказал стоявшим перед ним так: снимите с него запятнанные одежды. А ему самому сказал: смотри, Я снял с тебя вину твою и облекаю тебя в одежды торжественные. 5 И сказал: возложите на голову его чистый кидар. И возложили чистый кидар на голову его и облекли его в одежду; Ангел же Господень стоял. 6 И засвидетельствовал Ангел Господень и сказал Иисусу: 7 так говорит Господь Саваоф: если ты будешь ходить по Моим путям и если будешь на страже Моей, то будешь судить дом Мой и наблюдать за дворами Моими. Я дам тебе ходить между сими, стоящими здесь. (Зах.3:1-7) Здесь мы видим, что Господь не только оправдывает нас и обещает нам, но и накладывает на нас определённые обязанности.

Кто отлучит нас от любви Божией: скорбь, или теснота, или гонение, или голод, или нагота, или опасность, или меч? как написано: 36 за Тебя умерщвляют нас всякий день, считают нас за овец, [обреченных] на заклание. 37 Но все сие преодолеваем силою Возлюбившего нас. Для удобства рассмотрения я привожу часть этого текста ещё раз. Как же это понять? Бог нас любит, а мы терпим скорбь, тесноту, гонение, голод, наготу, опасность и даже смерть! Если вы этого не понимаете, значит вы невнимательно прочитали эту книгу и у вас нет возможности всё преодолеть силою Возлюбившего нас. Прочитайте её ещё раз. А для тех, кто понимает, я продолжу этот величественный гимн. ***38 Ибо я уверен, что ни смерть, ни жизнь, ни Ангелы, ни Начала, ни Силы, ни настоящее, ни будущее, 39 ни высота, ни глубина, ни другая какая тварь не может отлучить нас от любви Божией во Христе Иисусе, Господе нашем. (Рим.8:38,39)*** Дорогие читатели! Я сперва не решался прокомментировать этот отрывок. Если Павел, желая показать невозможность отлучения нас от любви Божьей, переходит на эмоционально-поэтический уровень, то мне это понятно. Но если он вкладывает духовный смысл в каждое слово... ***6 Дивно для меня ведение [Твое], - высоко, не могу постигнуть его! (Пс.138:6) 16 Когда я обратил сердце мое на то, чтобы постигнуть мудрость и обозреть дела, которые делаются на земле, и среди которых [человек] ни днем, ни ночью не знает сна, - 17 тогда я***

увидел все дела Божии и [нашел], что человек не может постигнуть дел, которые делаются под солнцем. Сколько бы человек ни трудился в исследовании, он все-таки не постигнет этого; и если бы какой мудрец сказал, что он знает, он не может постигнуть [этого]. (Еккл.8:16,17)

Но я попытаюсь, пусть даже несовершенно, не столь глубоко, но объяснить это место Священного Писания. Бог возлюбил нас, когда мы ещё не родились, любит нас, пока мы живём на земле, и будет любить нас, когда мы перейдём к Нему в вечность. Это я сказал о жизни и смерти. Но, когда неверующие попадут в ад, они будут отлучены от любви Божьей. Сейчас любовь Божья во Христе Иисусе даёт людям возможность всем повсюду покаяться и примириться с Богом жертвой Сына Его Единородного. Но в аду такой возможности уже не будет.

Апостол Павел выражает в этом тексте уверенность. А вы уверенны в спасении и в том, что Бог вас - да, да! именно вас, дорогой читатель, любит? Знаете ли вы, в Кого вы уверовали? Спасённым и возрождённым душам Сам Бог даёт такую уверенность и подтверждает Свою любовь к ним в практической жизни. Охладевших же и обленившихся Бог призывает к покаянию, но если они не послушаются, то потеряют спасение. ***22 Итак видишь благость и строгость Божию: строгость к отпадшим, а благость к тебе, если пребудешь в благости [Божией]; иначе и ты будешь отсечен. (Рим.11:22)***

Ангелы Божьи не могут и не хотят отлучить нас от любви Божьей. Они нас тоже любят, незримо нам помогают и охраняют нас и желают быть вместе с нами на небесах. Ангелы сатаны хотят отлучить нас от Бога, но Иисус, движимый любовью, уже победил и теперь даёт нам силы преодолев различные скорби и искушения, также побеждать и пребывать в любви Божьей. Все Начала в руке Божьей и Сам Он есть Начало всех начал. Иисус есть Начало созданий Божьих. Может ли Бог, будучи Сама Любовь, Сам Себя отлучить от любви к нам? Никогда!!!

Под словом Силы я разумею духовные силы. Духовные силы Бога направлены не на улаживание каких-то земных дел или исполнение наших нужд, а на созидание Его Царства для Сына Своего Возлюбленного. Бог же, управляя событиями на земле и восполняя наши нужды, имеет ввиду именно эту цель, а не что-то другое. Поэтому всё подчинено достижению этой цели. Если мы это понимаем, то и наша жизнь и хождение будут подчинены этой цели. К духовной битве Бог привлёк нас для того, чтобы мы противостояли злым сатанинским силам и побеждали. ***11 Они победили его кровию Агнца и словом свидетельства своего, и не возлюбили души своей даже до смерти. (Откр.12:11)***

Настоящее для христиан прошлого было нелёгким, а иногда и очень суровым, но они верой держались спасения и уповали на любовь Божью и надежду вечной жизни. Настоящее для многих христиан нашего времени спокойное, безмятежное. Они всё имеют и ни в чём не нуждаются. Может быть Бог их меньше любит и потому попускает им впадать в заблуждения и лжеучения, быть тёплыми и ленивыми? Конечно же нет, но они просто не желают слышать Божий голос. ***15 знаю твои дела; ты ни холоден, ни горяч; о, если бы ты был холоден, или горяч! 16 Но, как ты тепл, а не горяч и не холоден, то извергну тебя из уст Моих. 17 Ибо ты говоришь: "я богат, разбогател и ни в чем не имею нужды"; а не знаешь, что ты несчастен, и жалок, и нищ, и слеп, и наг. 18 Советую тебе купить у Меня золото, огнем очищенное, чтобы тебе обогатиться, и белую одежду, чтобы одеться и чтобы не видна была срамота наготы твоей, и глазною мазью помажь глаза твои, чтобы видеть. 19 Кого Я люблю, тех обличаю и наказываю. Итак будь ревностен и покайся. 20 Се, стою у двери и стучу: если кто услышит голос Мой и отворит дверь, войду к нему, и буду вечерять с ним, и он со Мною. 21 Побеждающему дам сесть со Мною на престоле Моем, как и Я победил и сел с Отцем Моим на престоле Его. 22 Имеющий ухо да слышит, что Дух говорит церквам. (Откр.3:15-22)*** Здесь же есть и обетование о будущем, причём такое, какое не дано ни одной из других церквей. Но это обетование и лично для каждого из нас. Это ли не любовь Божья?! В будущем нас также ожидает любовь Божья. ***8 Любовь никогда не перестает, хотя и пророчества прекратятся, и языки умолкнут, и знание упразднится. 9 Ибо мы отчасти знаем, и отчасти пророчествуем; 10 когда же настанет совершенное, тогда то, что отчасти, прекратится. (1Кор.13:8-10)***

Что значит высота и глубина? В другом месте Павел говорит также о широте и долготе. Если понимать это буквально, то это характеристика организации того пространства, в котором мы живём. Но вначале пространство и время имели другую организацию, которая названа небом, а любовь уже была. Потом Бог преобразовал землю и сотворил пространство, в котором мы живём, но любовь Божья не прекратила своё действие. На новом небе и новой земле будет другая организация пространства и времени, но любовь Божия не перестанет. А вот текст, в котором этим словам придаётся духовное значение. ***14 Для сего преклоняю колени мои пред Отцем Господа нашего Иисуса Христа, 15 от Которого именуется всякое отечество на небесах и на земле, 16 да даст вам, по богатству славы Своей, крепко утвердиться Духом Его во внутреннем человеке, 17 верою вселиться Христу в сердца ваши, 18 чтобы вы, укорененные и утвержденные в любви, могли постигнуть со всеми святыми, что широта и долгота, и глубина и высота, 19 и уразуметь превосходящую разумение любовь Христову, дабы вам исполниться всею полнотою Божиею. (Еф.3:14-19)*** Мы должны принять верой, что Бог действительно Вездесущий, управляет всеми процессами во вселенной и на нашей земле, вникает во все сферы нашей жизни и знает о нас всё. Если мы не хотим это принимать, то мы этого и не увидим. Но любящие Бога ищут лица Его и стремятся приблизиться к Нему. Одни больше чувствую близость Бога, другие меньше, но Бог любит и тех, и других. Так что не отчаивайтесь! ***6 Ищите Господа, когда можно найти Его; призывайте Его, когда Он близко. 7 Да оставит нечестивый путь свой и беззаконник - помыслы свои, и да обратится к Господу, и Он помилует его, и к Богу нашему, ибо Он многомилостив. (Ис.55:6,7) 20 А Тому, Кто действующею в нас силою может сделать несравненно больше всего, чего мы просим, или о чем помышляем, 21 Тому слава в Церкви во Христе Иисусе во все роды, от века до века. Аминь. (Еф.3:20,21)***

Что имел ввиду Апостол Павел под словами другая какая тварь, я не знаю. Но сейчас эти слова приобрели новое значение. Ещё в прошлом веке появились известия о неопознанных летающих объектах, контактах некоторых людей с неземными цивилизациями, даже о каких-то военных действиях. Вот вам другая какая тварь. Я сам был увлечён этой информацией, посетил выставку фотографий. В какой-то бульварной газетке нашёл статью о контактах с неземной цивилизацией. Я даже сам пытался установить контакт. А однажды мы с сыном-подростком были вечером на даче и оба видели одно и то же. Некая яркая светящаяся точка то быстро перемещалась по небу, то резко останавливалась, то двигалась зигзагами, то в виде пунктира, то как бы писала что-то на небе. Это продолжалось около пяти минут. На следующий день мы спрашивали у соседей и знакомых, но никто ничего, кроме нас, не видел. В это время Бог начал меня призывать и я уверовал, а это увлечение прошло. Но как это явление оценить с точки зрения Библии? То, что мы с сыном видели не реальный объект, а видение, это ясно. Библия говорит, что в последнее время будут чудеса и знамения ложные. Слово ложные не означает поддельные, как у фокусников. Чудеса будут, вернее, уже есть, настоящие, реальные, но не от Бога. Тогда от кого же? Цель всех этих явлений и контактов не ясна, но всё в тумане и запутано. Видения видят не только люди Божьи, но и лжепророки, гадатели, прорицатели и вызыватели духов, представители восточных религий и наркоманы. Некоторые даже путешествуют в видениях в другие миры. Но если другие цивилизации достигли нас, а не мы их, то они должны быть и гораздо умнее нас. Но я не нахожу во всех этих явлениях логики или последовательности, кроме одной. Это логика сатаны, направленная на то, чтобы запутать людей и отвратить их от Бога. Материализация духов была ещё до потопа. Сейчас тоже происходят необычные явления, которые попадают даже на фото и видеокамеры. А виноваты в этом люди, не уверовавшие во Христа Иисуса. ***8 И тогда откроется беззаконник, которого Господь Иисус убьет духом уст Своих и истребит явлением пришествия Своего 9 того, которого пришествие, по действию сатаны, будет со всякою силою и знамениями и чудесами ложными, 10 и со всяким неправедным обольщением погибающих за то, что они не приняли любви истины для своего спасения. 11 И за сие пошлет им Бог действие заблуждения, так что они будут верить лжи, 12 да будут осуждены все, не веровавшие истине, но возлюбившие неправду. (2Фесс.2:8-12)*** Сам Бог посылает людям действие заблуждения. Люди же хотят заблуждаться и верить лжи, а сатана будет поставлять её в изобилии. Вот кто иная какая тварь, и она действительно хочет отлучить нас от любви Божьей. Но, для того, чтобы отстоять любовь Божью, мы должны вступить в брань с этой тварью и победить её.

И ещё один аргумент. В Библии нигде не упоминается о других мирах и цивилизациях, но говорится о конце земли и всей вселенной. ***10 Придет же день Господень, как тать ночью, и тогда небеса с шумом прейдут, стихии же, разгоревшись, разрушатся, земля и все дела на ней сгорят. 11 Если так все это разрушится,***

то какими должно быть в святой жизни и благочестии вам, 12 ожидающим и желающим пришествия дня Божия, в который воспламененные небеса разрушатся и разгоревшиеся стихии растают? 13 Впрочем мы, по обетованию Его, ожидаем нового неба и новой земли, на которых обитает правда. (2Пет.3:10-13) А как же другие миры? Могли ли они существовать без знания о Боге? Если бы существовали другие миры, то не попали ли бы и они под лапу сатаны? Но тогда Иисусу Христу пришлось бы пострадать и за них. Библия же нам говорит, что Иисус пострадал только один раз. ***24 Ибо Христос вошел не в рукотворенное святилище, по образу истинного [устроенное], но в самое небо, чтобы предстать ныне за нас пред лице Божие, 25 и не для того, чтобы многократно приносить Себя, как первосвященник входит во святилище каждогодно с чужою кровью; 26 иначе надлежало бы Ему многократно страдать от начала мира; Он же однажды, к концу веков, явился для уничтожения греха жертвою Своею. (Евр.9:24-26)***

Заключение

18 Преподаю тебе, сын [мой] Тимофей, сообразно с бывшими о тебе пророчествами, такое завещание, чтобы ты воинствовал согласно с ними, как добрый воин, 19 имея веру и добрую совесть, которую некоторые отвергнув, потерпели кораблекрушение в вере; 20 таковы Именей и Александр, которых я предал сатане, чтобы они научились не богохульствовать. (1Тим.1:18-20) Добрый воин здесь нужно понимать не как противопоставление злому воину, а как надёжный воин. Апостол Павел и себя, и сотрудников своих также причисляет к воинам. ***1 Я же, Павел, который лично между вами скромен, а заочно против вас отважен, убеждаю вас кротостью и снисхождением Христовым. 2 Прошу, чтобы мне по пришествии моем не прибегать к той твердой смелости, которую думаю употребить против некоторых, помышляющих о нас, что мы поступаем по плоти. 3 Ибо мы, ходя во плоти, не по плоти воинствуем. 4 Оружия воинствования нашего не плотские, но сильные Богом на разрушение твердынь: [ими] ниспровергаем замыслы 5 и всякое превозношение, восстающее против познания Божия, и пленяем всякое помышление в послушание Христу, 6 и готовы наказать всякое непослушание, когда ваше послушание исполнится. (2Кор.10:1-6)***

Удивительный характер у этого воина. С одной стороны кротость и снисхождение, с другой стороны твёрдость и смелость, готовность наказать. А вы причисляете себя к воинам Христовым? Можете ли распознать, где нужно смирение и послушание, а где твёрдая смелость и неотступность? Вот ещё характеристика служителя Божия.

1 Мы же, как споспешники, умоляем вас, чтобы благодать Божия не тщетно была принята вами. 2 Ибо сказано: во время благоприятное Я услышал тебя и в день спасения помог тебе. Вот, теперь время благоприятное, вот, теперь день спасения. 3 Мы никому ни в чем не полагаем претыкания, чтобы не было порицаемо служение, 4 но во всем являем себя, как служители Божии, в великом терпении, в бедствиях, в нуждах, в тесных обстоятельствах, 5 под ударами, в темницах, в изгнаниях, в трудах, в бдениях, в постах, 6 в чистоте, в благоразумии, в великодушии, в благости, в Духе Святом, в нелицемерной любви, 7 в слове истины, в силе Божией, с оружием правды в правой и левой руке, 8 в чести и бесчестии, при порицаниях и похвалах: нас почитают обманщиками, но мы верны; 9 мы неизвестны, но нас узнают; нас почитают умершими, но вот, мы живы; нас наказывают, но мы не умираем; 10 нас огорчают, а мы всегда радуемся; мы нищи, но многих обогащаем; мы ничего не имеем, но всем обладаем. (2Кор.6:1-10)

Дорогие читатели! Многие братья и сёстры прошли путём скорбей и испытаний, но победили слой Божьей и оружием правды. Многим ещё предстоит пройти этот нелёгкий путь. Многие и сейчас его проходят, но мы об этом так мало знаем. Мы же должны побеждать в своей обстановке, в своих обстоятельствах; побеждать склонность ко греху, равнодушие и лень, гордость житейскую и желание обогащаться. Мы должны нести Благую весть кому-то для спасения, кому-то для свидетельства. А главное: мы должны научиться побеждать зло добром. Дорогие читатели! Истины Божьи воспринимаются не так-то легко, потому что враг душ человеческих сам не устоял в истине и нас пытается отвратить от истины. Но те служители, которые стоят на переднем краю битвы молятся о нас, как и Апостол Павел молился о верующих в Иисуса того времени. ***7 Молим Бога, чтобы вы не делали никакого зла, не для того, чтобы нам показаться, чем должны быть; но чтобы вы делали добро, хотя бы мы казались и не тем, чем должны быть. 8 Ибо мы не сильны против истины, но сильны за истину. 9 Мы***

радуемся, когда мы немощны, а вы сильны; о сем-то и молимся, о вашем совершенстве. (2Кор.13:7-9) И мы должны молиться друг за друга, чтобы устоять в истине. Не спешите раздражаться и гневаться, если вас что-то задевает в этой книге, но проверьте себя, находитесь ли вы в истинном учении Иисуса Христа и Апостолов, являетесь ли членом поместной церкви, служите ли Господу.

57 Благодарение Богу, даровавшему нам победу Господом нашим Иисусом Христом! 58 Итак, братия мои возлюбленные, будьте тверды, непоколебимы, всегда преуспевайте в деле Господнем, зная, что труд ваш не тщетен пред Господом. (1Кор.15:57,58)

Дорогие читатели! Если вы хотите высказать своё мнение об этой книге, критические замечания, советы по улучшению, вы можете написать мне на электронный адрес: stas.magen@gmail.com Может быть где-то недостаточно или неясно раскрыта тема, может быть, ещё нужно добавить тему. Пишите! С уважением и сердечной любовью к вам Станислав Маген из Израиля.

Оглавление

	Стр.
Наша брань	**2**
Плоть и кровь	**4**
Мир духов	**9**
Кто они и кто мы	**12**
Стратегия, тактика, позиция	**14**
Как победил Иисус	**19**
Брань внутри нас	**22**
Иметь Бога в разуме	**24**
Да будет воля Твоя	**30**
Те же чувствования	**35**
Блаженны чистые сердцем	**41**
Дух оживлённый	**43**
Способность созидать	**47**
Вера, побеждающая мир	**55**
Брань вокруг нас	**63**
Дом и семья	**63**
Отношения с внешними	**69**
Битва за учение	**72**
Ревность о Церкви	**81**
Благовестие	**85**
Страдания за Христа	**88**
Всеоружие Божье	**93**
Бог за нас	**102**
Заключение	**112**

God, You are the
source of my Strength,
You are the strenghth
of my life.

3:30 pm.

Thursday.

Dahlie.

013 7~~9~~34 419 36.

€ 860 p month.

Deposit

can we look.

5 weeks rent.

1 months rent

+ deposit.

6 a	16 b
7 a	17 a
8 c	18 c
9 a	19 a
10 a	20 c
11 c	21 c
12 a	22 b
13 a	23 c
14 b	24 a
15 a	25 b

Druck:
Canon Deutschland Business Services GmbH
im Auftrag der KNV-Gruppe
Ferdinand-Jühlke-Str. 7
99095 Erfurt